深澤賢治
[監修]

警備保障のすべて

第4版

東洋経済新報社

まえがき

『警備保障のすべて』第3版を2003年5月1日に発行し、2023年に第4版を発行することとなった。この間に警備業界もかなり変わった。2021年末では、警備業界の市場規模は3兆4537億円となり、警備員数も58万9938人となった。これは警察官の数（25万9719人、2022年4月1日現在の定員数）と対比すると、2倍強となっている。また、そのうち女性の警備員数は3万9812人であり、警備業者の数も1万359業者となった。

世の中をみると、2022年7月8日には、安倍晋三元総理大臣が銃撃され死亡するという事件が発生した。この事件は大きく時代が転換したことを象徴していると思う。世界的な視線でみた場合、新型コロナウイルスというウイルスと人類の戦い、ロシアによるウクライナへの軍事侵攻、欧米を中心とした金利の急激な上昇等々、ここ数年異常な事態が立て続けに起こっている。日本国内は国債発行が令和2年（2020年）度末で1074兆円にのぼり、日本の経済破綻が取り沙汰される昨今である。また、スリランカが国家破産を起こしＩＭＦと再建に関する交渉を開始したということも耳目に新しい。

日本国内に焦点を絞ってみると、日本は一言でいえば平和狎《な》れしすぎていると言わざるを得ない。確かに終戦以降、平和が続いているが、ロシア・中国・北朝鮮の脅威に晒されていることはご承知の通りである。さらに国内は人々の心がすさみ、特殊詐欺や児童虐待などの社会的弱者に対する犯罪が増大している。

世界的にゼロ金利が当たり前になった後、現在は各国で利上げが進んでいる。その中で日本は、日銀黒田東彦総裁のもとゼロ金利政策をとっている。その結果、国内では不況下における物価高といわれるスタグフレーションの危険が急激に増している状況である。

ご承知の通り日本の借金は終戦時を大幅に超している。その視点で考えると、スタグフレーション以降はハイパーインフレが想定され、日本国は経済破綻を起こす危険性が非常に高いと思われる。「ネバダ・レポート」は参考にすべきであろう。

日本でそのような非常事態が起きた場合、警備業は従来の警備業に加えて非常事態における警備サービスが急速に登場してくることになると考える。

自分の身を自分で守らず、安全を金で買う風潮が広がっている中で、警備業者は警戒棒・警戒杖《じょう》・刺股《さすまた》・非金属製の楯《たて》等々を使い、社会の具体的要求に応えることになるであろう。加えて、鳥獣被害対策業務にあたっている警備業者を含む民間企業は、銃による事故が発生しないよう厳格な管理を実施し、対象捕獲獣を動けなくさせる麻酔銃や電気ショック等々の取扱い能力も向上させねばならない。

さらに日本の国を守るという前提で警備業が発展してゆく場合は、自衛隊・警察の補完としての警備業が重要視されることになると推測している。現時点の警備員の総数は約60万人であり、警察の補完業務を請け負わざるを得ないのではないかとも考えている。

このように非常事態へ向け、警備業の変革も考えておかねばならない。そういう社会的要請を踏まえた上で、平和が継続していく間は従来の路線を継続しつつ、警備業の将来を考え対応策を練っていけば良いと思っている。

私は警備業務に携わる者として、今の世の中を深く憂い、この本を世に送り出して社会のお役に立ちたいと願っている。

深澤　賢治

目次

第8章　警備業の契約……103

第1章　警備保障とは何か

1

警備保障という言葉が社会に定着し、全国各地で制服警備員の活躍する姿が見受けられ、企業活動や日常生活になくてはならない存在になっている。

警備は、以前は警察が行うものというイメージであったが、これを大きく変えたのが昭和45年（1970年）に開催された大阪万国博覧会における制服を着用した警備員の活躍である。

最近では、この二十数年間で大きな災害が発生した。平成7年（1995年）に「阪神・淡路大震災」、平成23年（2011年）には「東日本大震災」原子力発電所事故、平成31年（2019年）には「熊本地震」等の復興支援に尽力した警備員の活躍ぶりは記憶に新しいところである。

また、法務省の『犯罪白書』「刑法犯 認知件数・検挙人員・検挙率の推移」（図1-1）の通り、戦後増加の一途をたどっていた犯罪が、平成15年（2003年）以降、減少傾向に転じた。

この減少傾向に転じた契機となったのは、平成17年（2005年）に政府が犯罪の増加に歯止めをかけるため示した、大きく二つからなる総合的な犯罪抑止対策の推進であった。

一つが、地域の自主的な取り組みを支援し、官民連携した健全で魅力あふれる街づくりを推進する「安全・安心なまちづくり」である。

図 1-1　刑法犯 認知件数・検挙人員・検挙率の推移（昭和 21 年〜令和 2 年）

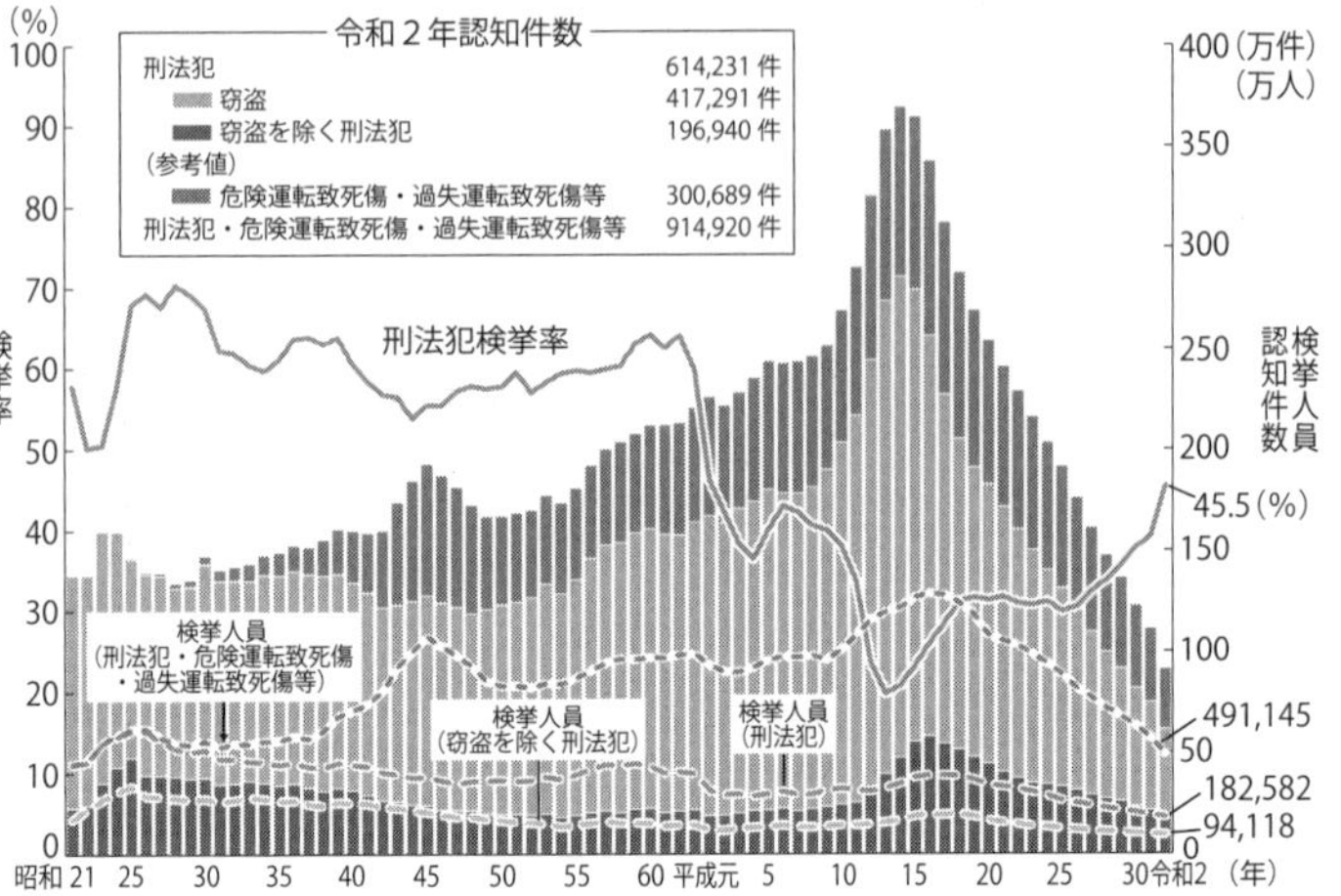

（注）警察庁の統計による
（出所）『犯罪白書』（令和３年版）

各自治体が「安全・安心まちづくり条例」等を制定し、地域住民、商工会、警察、自治体が連携協働した犯罪抑止活動や、自主防犯活動の中核ともなる防犯ボランティア団体の拡充と活動の活性化を図り、国民の防犯意識向上を図ったのである。

また、被害の未然防止や犯罪発生時の対応に極めて有効な街頭防犯カメラの設置促進を進めたことも犯罪減少への大きな一手段であった。

もう一つが犯罪の起こりにくい社会づくりである。

かつての日本の良好な治安を支えてきた社会の高い規範意識や、地域の強い絆が時代とともに希薄化されており、このまま推移すればさらなる犯罪の増加を招く結果ともなりかねない状況にあった。

そこで、地域全体に犯罪情報が行き渡る防犯ネットワークの整備と自主的な活動を行っている防犯ボランティア等への支援など、有効な防犯ネットワークの活用促進を図ったのである。

また、小さな犯罪や公共物等に対する落書きなどに着目し、これらの犯罪を見逃さず徹底した取り組みを行い、社会全体における規範意識の向上を図った。

具体的には万引や少年非行、薬物乱用、交通ルールの遵守のため地域一体となった取り組み等を推進したのである。

この対策を推進した結果により、一般刑法犯認知件数は平成14年（２００２年）の２８５万４０６１件をピークに、その後18年連続で減少し、令和２年（２０２０年）には61万４２３１件と戦後最少を更新した。

また、少年による刑法犯の検挙人員も平成16年（２００４年）以降減少傾向をたどっており、対策の大きな効果といえるだろう。

この総合的な犯罪抑止対策には、全国の警備業者も呼応して自主防犯パトロール、見守り活動等の防犯活動に参加協力したことはいうまでもない。

警備業務の一環としても、街頭防犯カメラ設置促進が大きな契機となり、防犯カメラを活用したホーム・セキュリティの設置が被害の未然防止や犯罪発生時の的確な対応に極めて有効であることから、全国で設置が進められた。

監視カメラ・防犯カメラの映像使用が個人のプライバシーの侵害に当たると法律論争されてい

るが、設置目的の相当性や一定の運用基準による運用方法であれば適法とされており、犯罪抑止や検挙活動に大きな力を発揮している。

警備業自体が、犯罪を防止するために直結する事業活動だからであり、各警備業者はさらなる安全な事業の提供を目指し、現代社会に適応させるため、創意工夫して地域に根付いた「安全・安心なまちづくり」の推進に努める必要があろう。

令和3年（2021年）に開催された東京2020オリンピック・パラリンピック競技大会（以下「東京2020オリンピック」という）では、新型コロナウイルス感染症の世界的流行により一年延期され、さらに原則無観客での開催になるなど異例尽くしの大会となった。

全国の警備業者が「東京オリンピック・パラリンピック競技大会警備共同企業体」（以下「警備JV（ジョイント・ベンチャー）」という）を結成し、さまざまな準備を整えて大会に臨み、国際的で大規模な警備という時代の流れに沿って対応できたことも、警備業界が年々成長している証といえよう。

このように、警備保障という業務は警備業法に定められている教育研修を受けた、プロの警備員による安全の確保を目的とした重要な産業であることが確認された。

第１節　警備業

「空気と安全は無料《ただ》」といわれた時代があった。

平成14年（２００２年）に刑法犯認知件数が過去最悪を記録し、日本の安全神話が崩壊する危機が叫ばれた。

各地域では官民一体となった犯罪防止対策が講じられる一方で、国の緊急雇用対策費を活用した警備員による安全パトロールが開始されるなど、警備員の制服姿が存在感を示し、犯罪防止に大きく寄与した。

また、警察は一時期「検挙に勝る防犯なし」と犯罪の検挙に重点を置き、犯罪防止活動を軽視していた点が警備業の活用を進めたと言える。

警備業は契約により警備の業務を実際に行う事業をいうが、法律によりさまざまな規制を受けている。

とりわけ、警備員への教育を義務づけられていることが、大きな特色の一つである。

最近のホーム・セキュリティ設置の防犯効果がアピールされ、一般市民も自主防犯活動に大きな関心を示し、自ら防犯機器を購入設置して自己防衛を図ったり、警備業者の防犯システムを契約するなど、警備業を身近なものとして受け止めるようになりつつある。

図 1-2　警備業者数の推移（各年末）

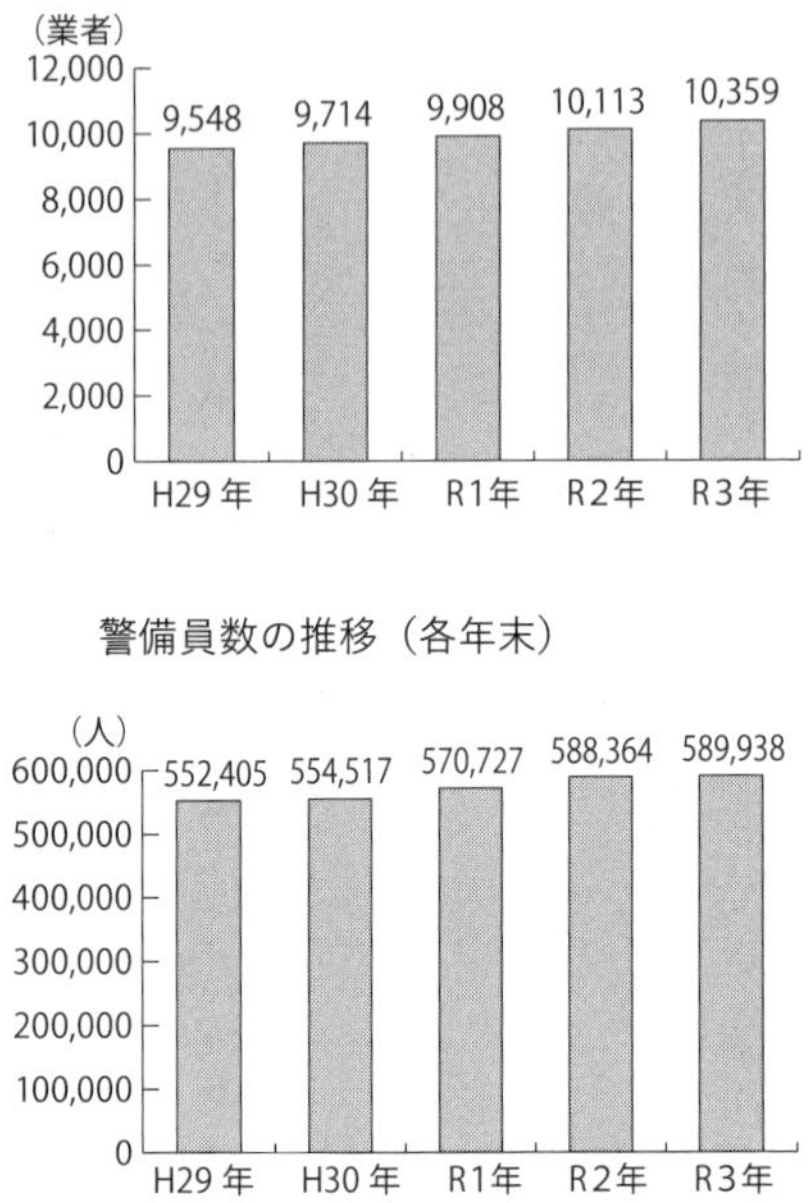

（出所）警察庁「令和３年における警備業の概況」

このように、マスメディアによって警備員の存在が社会に浸透してきたことや、車社会において交通誘導警備や雑踏警備に携わる警備員と直接触れあう機会が増えたこと、さらには各地で開催される大規模イベントで活躍する警備員のイメージが警備業に親近感をもたせている。

昭和37年（１９６２年）に、初めて複数の警備専門業者が現れたが、それ以来警備業は発展の一途をたどり、「警備業者数の推移（各年末）・警備員数の推移（各年末）」（図１－２）の通り、令和３年（２０２１年）末現在で、警備業者数として１万３５９業者、警備員数58万９９３８人となっている。

こうして、警備業は地域社会の安全を確保する上で欠くことのできない位置にまで成長し、犯罪防止や道路の交通規制現場での秩序維持、各種施設の安全確保、個々の安全確保対策等の大きな柱になっているのである。

このような状況下において警備業者が警備業務として顧客に提供するものは、警備業法第2条で、次の四つに分類される。この分類説明は、「　」内が警備業法上の専門用語であり、その後に解説を加えた。

(1)　施設警備業務

「事務所、住宅、興行場、駐車場、遊園地等における盗難等の事故の発生を警戒し、防止する業務」

通常は常駐警備・巡回警備・保安警備・空港保安警備がこれに相当する。

(2)　交通誘導警備業務（雑踏警備業務）

「人若《も》しくは車両の雑踏する場所又はこれらの通行に危険のある場所における負傷等の事故の発生を警戒し、防止する業務」

いわゆる交通誘導警備やイベント警備等がこれに該当する。

(3)　運搬警備業務

「運搬中の現金、貴金属、美術品等に係る盗難等の事故の発生を警戒し、防止する業務」

核燃料物質等危険物運搬警備や貴重品運搬警備がそれである。

(4)　身辺警備業務

「人の身体に対する危害の発生を、その身辺において警戒し、防止する業務」

ボディガードと解釈してさしつかえない。

警備業法上、施設警備の範疇に入る機械警備業務は、その警備形態が緊急用機械装置を必須条件としているため、他の警備業務とは著しくシステムが異なっている。警備業法においては、機械警備業務だけを別個に取り上げ機械警備業務の形態にあわせて扱っている。

機械警備業務とは、「各種センサー、非常通報装置等の警備業務用機械装置を使用して、住宅、事務所、店舗、駐車場等の事故の発生を警戒し、防止する機械警備業務」であり、需要が近年増加傾向にあるなど、国民に幅広く生活安全サービスを提供している。

警備業とは、あくまでも民間の業務であって、公的な権限はいっさい与えられていないところから出発していることを認識しておかなければならない。

民間の営利事業である警備業の法的な定義は、「他人の需要に応じて、警備業者が行う警備業務の営業を警備業という」であり、言い換えるなら、警備業者の行う業務であっても、警備業法の範疇に属さない業務は警備業とはいえないということである。

警備業が社会に受け入れられたのは、それだけの歴史的背景があり、また現実の需要が社会に存在していたからである。社会構成基盤の中に、現在の警備業を育むものがあったからだと言える。

社会は警備業を必要としたが、法的規制も同時に実行されている。すなわち、昭和47年（1972

年）の警備業法の成立、昭和57年（１９８２年）の警備業法改正がそれである。

特にこの法改正は、警備業の活動領域の拡大や機械化が進行、さらには質量ともに大きく変化するなど警備業の発展に伴い、警備業務の適否が社会に及ぼす影響も大きくなり、業界の実態が社会の要求に十分に応えられていない現状を踏まえ、大きな法改正となった。

昭和61年（１９８６年）には、検定制度が実施され、同制度による資格者配置が、徐々に日本国内全体へ浸透してきている。

平成14年（２００２年）には警備業者等の欠格事由、反社会的勢力と密接関係者の規制、各種変更届手続きの簡素化等の警備業法改正が行われ、さらに平成16年（２００４年）には、治安情勢の悪化やそれに伴う警備業の実情を踏まえた改正が行われ、生活安全産業としての警備業の存在価値を確立するための方向性が図られた。

この法改正には、これまで警備業者に寄せられた不適切事案や顧客とのトラブル発生が大きく影響していた。

警備業者として大きな問題は、賠償責任の問題である。警備業者の一部には保障を強調し、事故発生の場合に事故処理に伴う賠償能力がないか著しく低いにもかかわらず、能力があるように顧客に錯覚させたままで、契約を締結してしまうケースが続出した。

警備業者は自らのミスで事故が発生した場合にのみ賠償をすると考えているが、顧客は保障を看板にしているのだから、事故の時は何でも保障（補償の意味が強い）してくれるものと思い込んでしまう傾向がある。

ここにトラブルが生じるが、現段階では警備業者が通常使う「警備保障」という言葉が補償の誤解とともに社会に浸透してしまっている。

警備業は、警備保障という名前のサービスであると解釈され、セキュリティの24時間サービスというイメージで、社会生活の中に溶け込んでいるのが実情である。

第2節　警備保障

警備保障とは、警備業者の行っている民間の警備業務に、保険感覚の保障が加えられたものであると解釈してよい。

しかし、警備保障といえば警備業者（警備会社、警備保障会社、個人で警備業を営んでいる者等を指す）のことだと社会は考えるようになっており、この言葉そのものが一人歩きをするようになっているのが現状である。

警備に当然のごとくついて回る「保障」には、同じひびきをもつ次の三つの意味が含まれてしまい、それぞれの語意が混在して、現在の警備保障のイメージができあがっている。

(1)　補償

警備業者が警備業務を遂行中、自らのミスにより何らかの損害を契約先に与えた場合、警備業者の責任において損害額に見合うものを、契約先に金員その他で支払い、問題を解決する。法律用語で補償《ほしょう》とは、「ものごとの欠けている部分を補い、修正する意味を指す」とされている。

(2) 保証

警備業務契約期間中は、どんなことがあっても、警備中の対象物件は大丈夫であるという安心感を、言動・文章等の表現により契約先に与えるものである。

また、警備対象物件の危険個所等の問題点をありのまま契約先に伝えて、注意を喚起し、危険に対する対策を立案させる意味ももっている。

保証《ほしょう》とは、法律用語で「主たる債務者がその債務を履行しないときに、その履行をする責任を負う」とされている。

(3) 保障

警備業者が警備請負期間中に、警備対象が犯罪・火災・災害その他で侵害されそうになった場合、人力や機械の力を行使して被害を未然に防ぐことを意味している。さらには、被害が生じてしまった場合についても、被害を最小限度に食い止め、拡大させないように人力・機械力を用いることも保障の意味に含まれている。

すなわち、警備保障とは、「社会生活のあらゆる危険を事前に予見し、有償にて、予知された危険の度合いを契約先に連絡し、かつ、その危険から逃れるための方策を講じ、物理的具体的行動をもって、危険を回避せしめるとともに、被害が発生した際には、補償をも含め併せて事後処理を行うものである」といえる。

警備保障というイメージは、社会に力強くたのもしい感じで受け入れられている。それは、警備という一般的な概念と、新しく生まれた保障という概念が、一体化して受け止められたからだろう。

したがって、警備業者が望むと望まざるとにかかわらず、警備業には保障がついて離れなくなっている。これは時代の要求でもある。気をつけなければならないことは、保障を昔のままの意味でとらえていては間違いだということである。すでに、保障という言葉は変化し、新しい概念で社会生活に登場し受容されている。つまり、補償と保証の考え方が加えられているのである。時代は警備業を要求するところから、警備保障を要求するように変わったのである。

警備保障を看板にしている業者にとって、問題は「保障」という二文字である。

警備業者のかけている保険は、過失責任を問われた場合に効力を発揮する性質のものが大半である。正確に表現すれば、「警備保障業務を請け負うに当たって保険をかけるのではなく、警備業務を請け負うに当たり当社が当社の過失により契約先に何らかの弁償をしなければならない事態が生じた場合を想定して保険をかけている」のである。

契約先からみれば、警備業者が警備業であろうと警備保障業であろうと関係はなく、警備業務を請け負うものはすべて警備保障なのである。したがって、問題が発生すれば当然のごとく、契約先のもつ警備保障のイメージで請求をしてくる。警備保障のイメージは、原因の内容に関係なく、損害をすべて警備業者が補填するように感じさせる。明らかに顧客側のミスが原因であると裁定された場合でも警備業者側からなんらかの補填行動がなければ、顧客側に釈然としない部分が残る。

法律用語として「保障」は使用されていないが、現在、警備業者の保障は、ほとんどすべてが、自らのミスで契約先に損害を与えた場合に補償するという意味で使われている。弁償という感覚でしか現実には用いられていない。

顧客側からすれば、一切合財任せるからこそ警備保障ではないかと考えるが、警備業者側からすれば、警備業務の請け負いであって補償会社ではないということになる。

したがって、警備保障業は一般的な言葉とはなっているが、厳密に追求してゆくと現実には成立しにくい業種である。

現在では、発足時点における警備業という概念を離れて見直さなければならない。人手による警備はほぼ従来型を踏襲のうえ、発展拡大しているが、機械による警備が次々に新分野を開拓中であることに注目すべきである。

民間交番や防犯カメラ等で、犯罪抑止環境を設計するタウンセキュリティ、個人家庭を対象としたホーム・セキュリティ、介護事業と連携した認知症高齢者の所在確認システムやAI・デジタル化の発達に伴う顔認証システム、入退管理システム、遠隔画像の転送システム等を応用した多種多様なサービス、自動車盗難防止システム、スマートフォンやコンビニエンスストア等々の連携サービス、さらに鳥獣被害対策における警備センサーの活用等々が展開されている。

また、空港や原子力発電所等の重要施設の警備業務も行っているほか、前述の通り、東京2020オリンピックにおいては、全国の警備業者が「警備ＪＶ」を立ち上げ、準備もふくめ警備員延べ50万人以上が大会警備に従事したことも付け加えておかなければならない。

第2章　犯罪と警備業

犯罪とは、法律に違反した行為で一定の条件を満たしたものをいい、警備業に関係の深いものは刑法犯といわれる次の六種類を指すことになる。

一　凶悪犯　　二　粗暴犯
三　窃盗犯　　四　知能犯
五　風俗犯　　六　その他の刑法犯

これらの犯罪は、大きな脅威として市民生活をおびやかし、企業や各種組織体の活動を妨害し、さまざまな社会活動を阻んでいる。

警備保障を看板にしている警備業者は、各種の犯罪が発生することを事前に警戒し防止することで、業務請負を成立させている組織体である。

個人の特定された契約先と請負契約を締結し、特定の対象を警備するわけであるが、この活動がそのまま地域社会における防犯活動となり、社会全体における犯罪の発生を阻止する大きな力となっている。

警備業は、民間における強力な防犯システムの重要な核となっており、現実に警備業者の協力により、刑法犯逮捕につながる事例は数多く、警察より表彰や感謝状を受けた警備業者・警備員の数は、相当な数にのぼっている。

いずれにせよ、警備の依頼者は、犯罪の被害を回避したいと考える一方で信用性を高める目的で、警備業者へ個人であると法人であると、また公的機関であると民間であるとを問わず、防犯を依頼しており、その数は一様に増加しているのが実情である。

表 2-1　機械警備業者の状況

区　分	警備業者数	1業者当たり
機械警備業者数	891	—
基地局数	1,222	1.4
待機所数	8,873	10.1
専従警備員数	34,637	38.9
うち基地局勤務員数	5,429	6.1
専用巡回車数	13,670	15.3
機械警備業務対象施設数	1,236,142	1,387.4

（出所）警察庁「平成 13 年中における警備業の概況」

機械警備業者 1 業者当たりの状況

区　分	総　数	1業者当たり
機械警備業者数	571	—
基地局数	682	1.2
待機所数	8,007	14.0
専従警備員数	27,042	47.4
うち基地局勤務員数	4,767	8.3
専用巡回車数	12,936	22.7
機械警備業務対象施設数	3,262,011	5,712.8

（出所）警察庁「令和 3 年における警備業の概況」

ちなみに、機械警備業務対象施設数は、「機械警備業者の状況」（表２－１）の通り、平成13年（２００１年）末では１２３万６１４２施設であったが令和３年（２０２１年）末には３２６万２０１１施設と約２・６倍と大きく増加している。

警備業者の側も、それらの期待に応えて業務を拡大し、充実させてきている。

第1節　犯罪の現状

令和2年（2020年）の刑法犯の認知件数は、『警察白書』令和3年版によると、61万4231件になっている（表2-2）。前述したように、平成14年（2002年）をピークにその後は毎年減少している。

しかし、「その他の刑法犯」認知件数（図2-1）が減少する中で、重要犯罪の「殺人事件」（図2-2）「強制性交等」（図2-3）

表 2-2　刑法犯認知件数（令和2年都道府県別統計資料）

	人口（人）	警察官定員（人）	警察署数（署）	刑法犯				
				認知件数（件）	検挙件数（件）	検挙人員（人）	検挙率（%）	少年検挙人員（人）
北海道	5,267,762	10,634	64	18,467	10,035	7,077	54.3	544
青森県	1,275,783	2,348	18	3,409	2,216	1,416	65.0	77
岩手県	1,235,517	2,153	16	2,553	1,521	1,064	59.6	73
宮城県	2,292,385	3,766	25	10,193	5,090	2,872	49.9	226
秋田県	985,416	1,989	14	2,382	1,638	1,007	68.8	47
山形県	1,082,296	2,013	14	3,085	2,587	1,505	83.9	97
福島県	1,881,981	3,441	22	7,655	4,084	2,114	53.4	110
茨城県	2,921,436	4,814	27	16,301	6,182	3,311	37.9	251
栃木県	1,965,516	3,429	19	9,059	4,787	2,054	52.8	186
群馬県	1,969,439	3,442	15	9,965	5,465	3,151	54.8	239
埼玉県	7,390,054	11,524	39	44,485	17,754	11,253	39.9	1,132
東京都	13,834,925	43,486	102	82,764	33,521	23,271	40.5	2,265
千葉県	6,319,772	10,850	39	34,685	12,660	7,868	36.5	776
神奈川県	9,209,442	15,703	54	35,241	17,496	11,117	49.6	1,245
新潟県	2,236,042	4,192	29	8,561	4,977	2,862	58.1	197
山梨県	826,579	1,682	12	3,128	1,660	1,045	53.1	128
長野県	2,087,307	3,487	22	6,944	4,130	1,916	59.5	146
静岡県	3,708,556	6,195	28	15,370	8,043	5,513	52.3	442
富山県	1,055,999	1,959	14	4,539	2,741	1,702	60.4	151
石川県	1,139,612	1,977	12	3,595	2,493	1,247	69.3	102
福井県	780,053	1,732	11	2,764	1,960	1,263	70.9	94
岐阜県	2,032,490	3,527	22	10,447	4,629	2,932	44.3	235
愛知県	7,575,530	13,554	45	39,897	15,667	12,263	39.3	1,219
三重県	1,813,859	3,079	18	8,560	3,591	1,863	42.0	175
滋賀県	1,420,948	2,282	12	6,039	2,511	1,807	41.6	236
京都府	2,545,899	6,560	25	11,851	5,201	3,643	43.9	376
大阪府	8,849,635	21,474	65	68,351	19,646	14,965	28.7	1,922
兵庫県	5,549,568	11,953	46	34,246	15,600	10,950	45.6	1,063
奈良県	1,353,837	2,481	12	5,774	3,599	2,040	62.3	157
和歌山県	954,258	2,183	14	3,899	2,132	1,474	54.7	158
鳥取県	561,175	1,231	9	1,814	1,355	880	74.7	70
島根県	679,324	1,512	12	1,936	1,439	728	74.3	49
岡山県	1,903,627	3,511	22	7,832	3,813	2,641	48.7	322
広島県	2,826,858	5,189	26	11,726	6,104	4,206	52.1	450
山口県	1,369,882	3,148	16	4,137	2,582	1,694	62.4	157
徳島県	742,505	1,555	10	2,414	1,329	673	55.1	64
香川県	981,280	1,859	12	4,543	2,653	1,592	58.4	121
愛媛県	1,369,131	2,463	16	6,433	3,113	1,899	48.4	133
高知県	709,230	1,611	12	2,719	1,523	864	56.0	78
福岡県	5,129,841	11,124	35	27,627	14,736	9,433	53.3	940
佐賀県	823,810	1,717	10	3,069	2,011	1,112	65.5	89
長崎県	1,350,769	3,075	22	2,799	1,955	1,492	69.8	87
熊本県	1,769,880	3,107	23	5,081	3,578	2,173	70.4	179
大分県	1,151,229	2,092	15	3,087	1,526	1,124	49.4	96
宮崎県	1,095,903	2,034	13	3,694	1,938	1,213	52.5	98
鹿児島県	1,630,146	3,035	27	5,113	2,466	1,657	48.2	145
沖縄県	1,481,547	2,921	14	5,998	3,448	2,636	57.5	319
総数	127,138,033	259,093	1,149	614,231	279,185	182,582	45.5	17,466

（出所）『警察白書』（令和3年版）、p.235

図 2-1　その他の刑法犯 認知件数の推移（罪名・罪種別）
（平成 3 年〜令和 2 年）

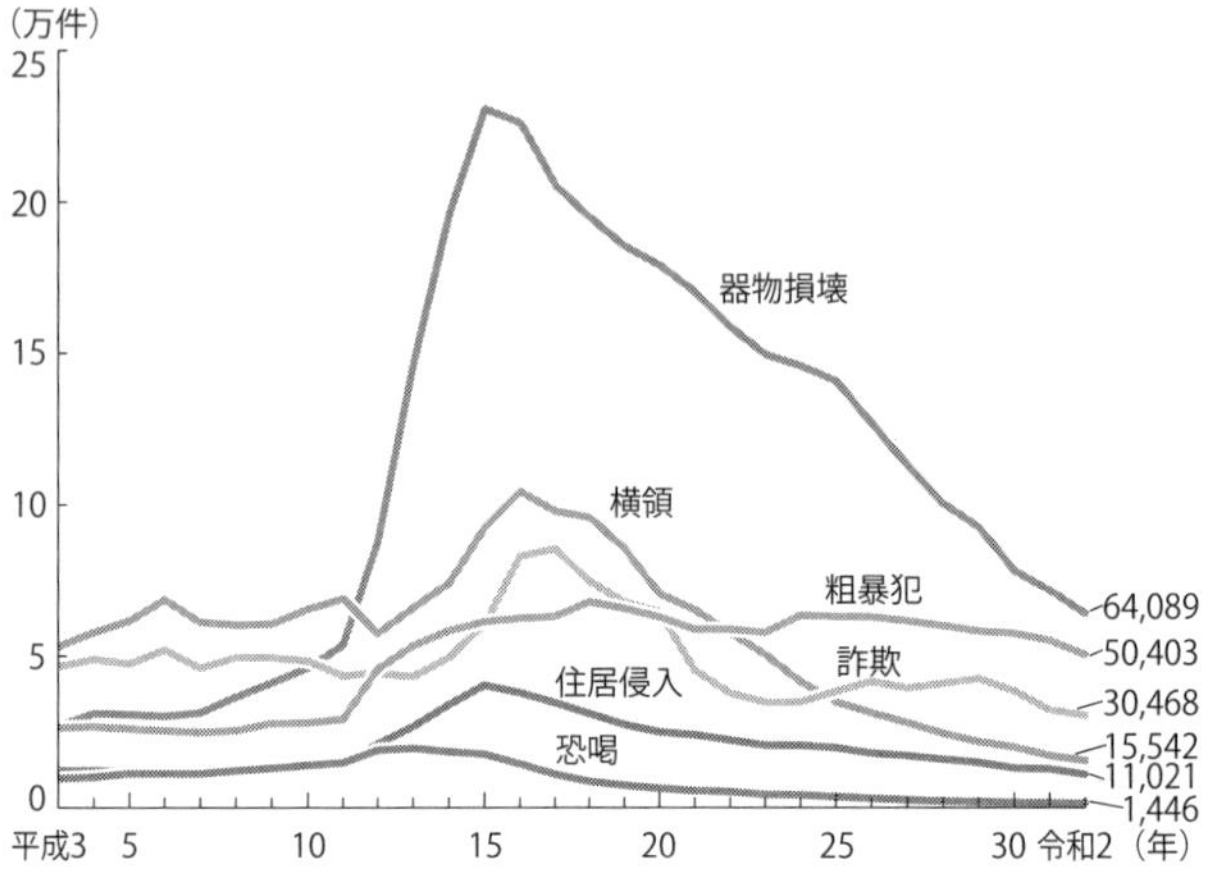

（出所）『犯罪白書』（令和 3 年版）、p.12

図 2-2　殺人事件 認知件数･検挙件数･検挙率の推移（平成 13 年〜令和 2 年）

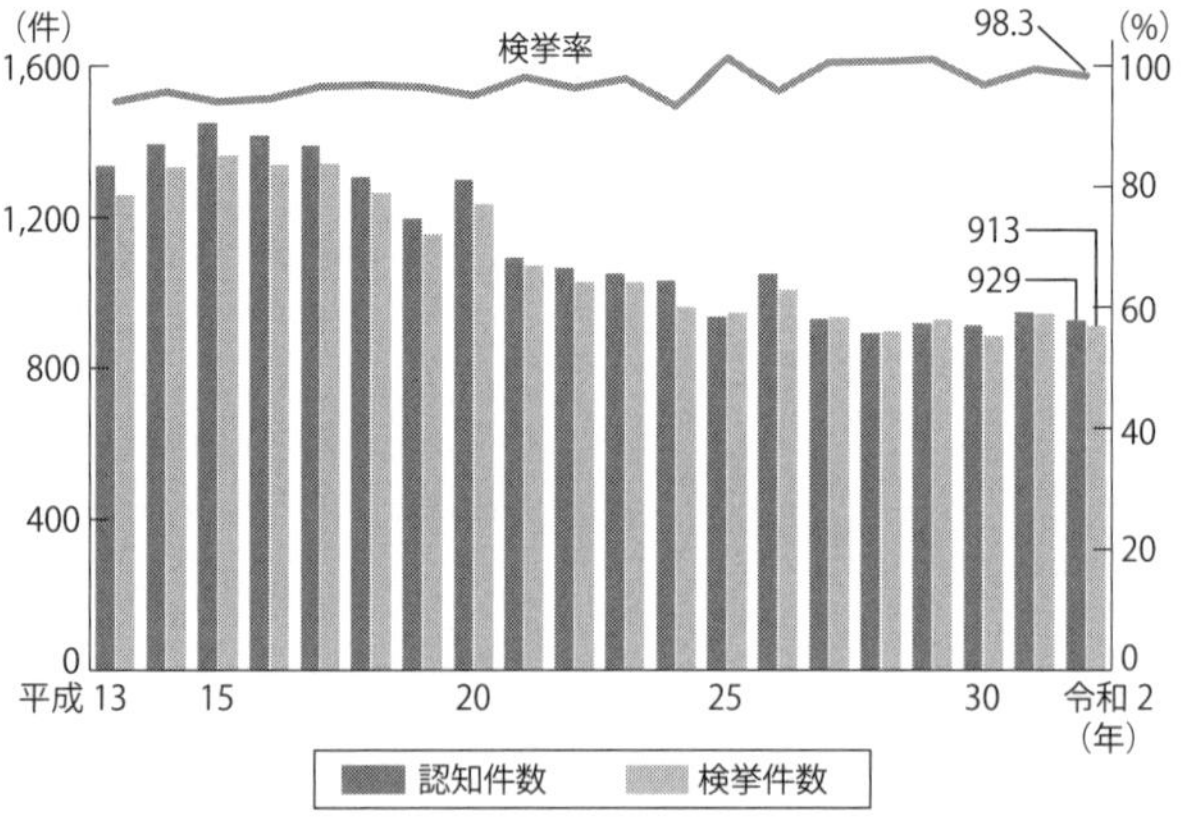

（出所）『犯罪白書』（令和 3 年版）、p.12

図 2-3　強制性交等 認知件数・検挙件数・検挙率の推移（平成３年～令和２年）

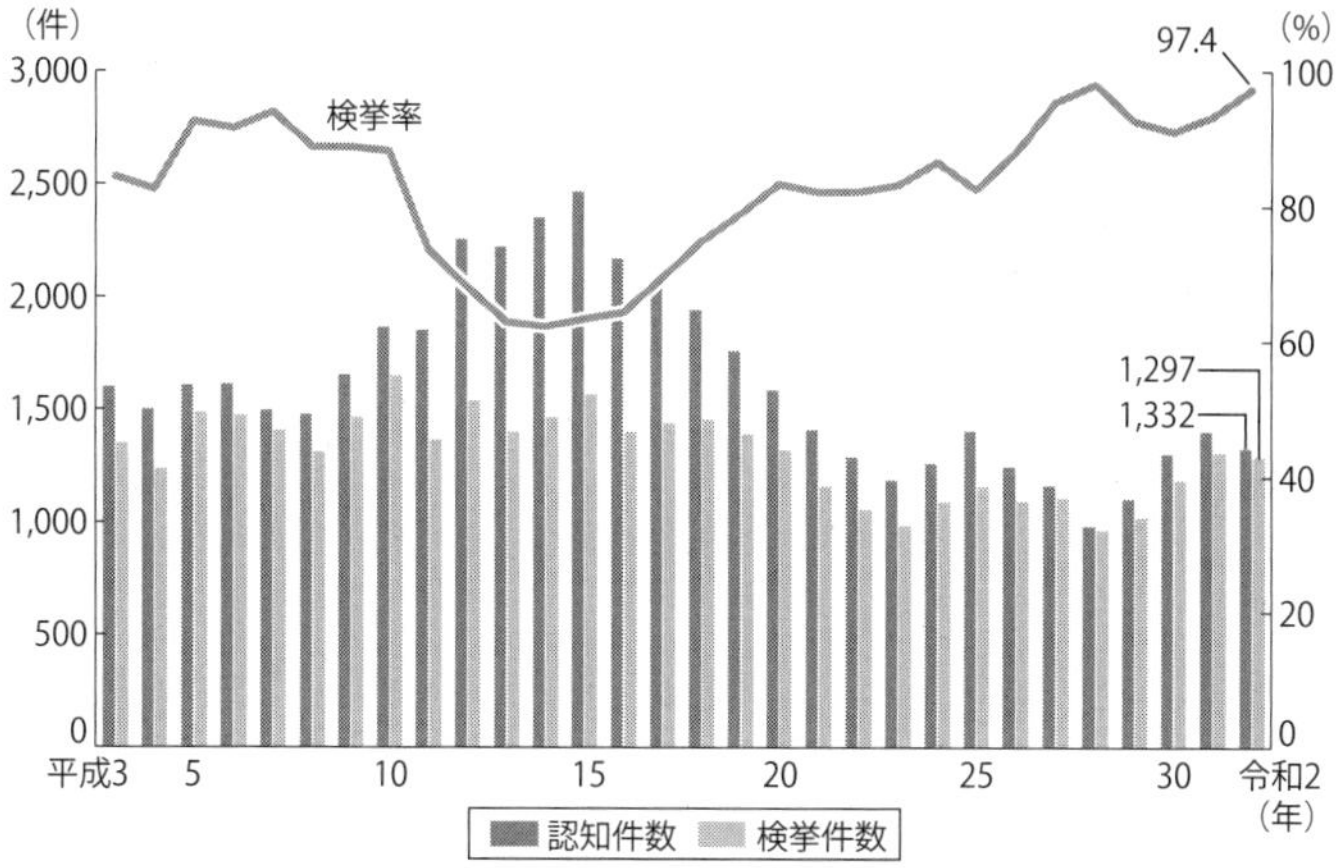

（出所）『犯罪白書』（令和３年版）、p.10

図 2-4　強制わいせつ 認知件数・検挙件数・検挙率の推移（平成３年～令和２年）

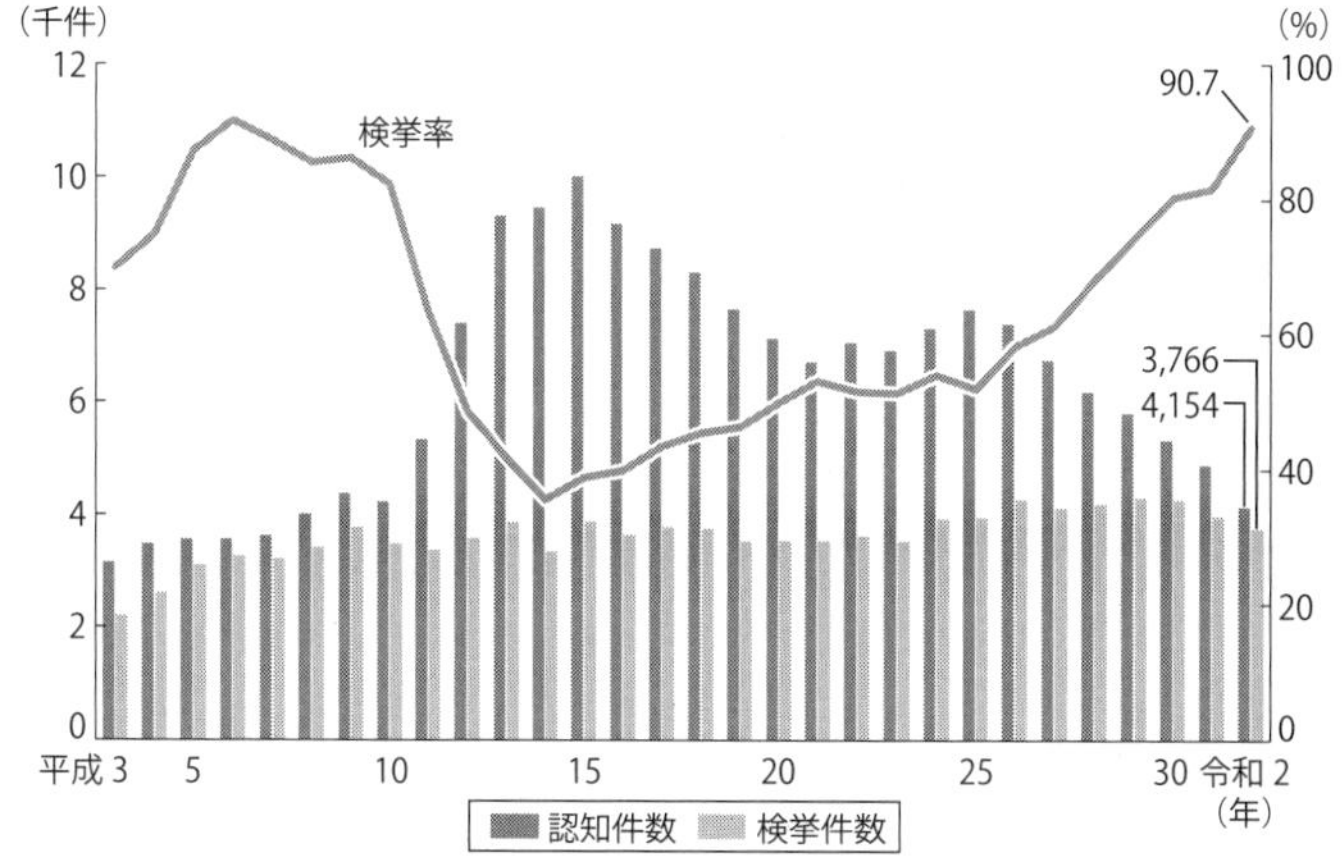

（出所）『犯罪白書』（令和３年版）、p.11

「強制わいせつ」（図２－４）認知件数・検挙件数・検挙率の推移は、各図の通り微減、または横ばいの状況が続いている。

中でも相手は誰でも良かったといった、他人を巻き込んだいわゆる拡大自殺などの身勝手な動機の殺人・同未遂事件や、高齢者宅をターゲットに電話で在宅を確認して犯行に及ぶ強盗事件等の発生が国民の耳目を集めている。

特殊詐欺事件については長年にわたる警察や自治体・関係機関等の被害防止広報啓発活動にもかかわらず、キャッシュカード詐欺盗や反社組織による通称「オレオレ詐欺」の発生など依然として厳しい状況が続いている。

さらに刑法犯認知件数以外では、インターネットを悪用した不正アクセス事件やＳＮＳなどサイバー空間を通じて他人と知り合うことで悲惨な犯罪被害に巻き込む事例もみられる（図２－５）。

図 2-5　不正アクセス行為 認知件数の推移（平成 12 年～令和 2 年）

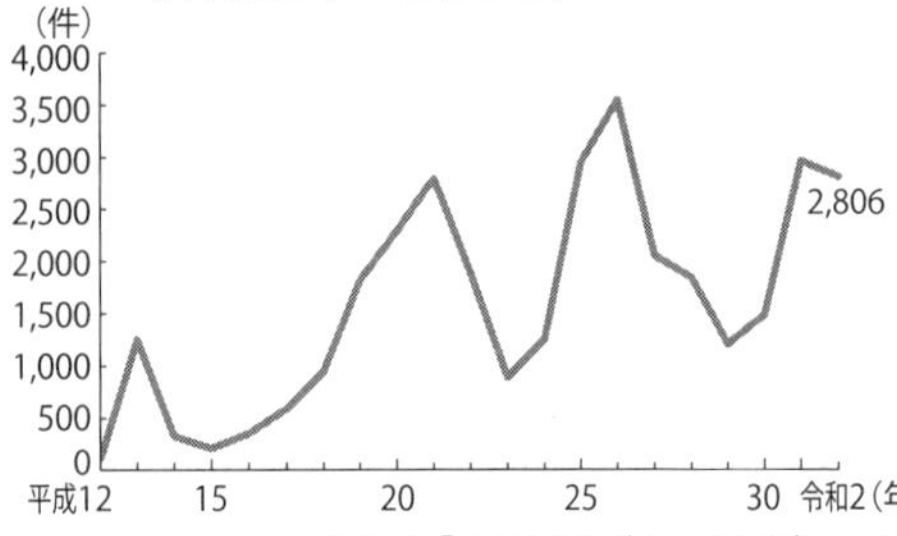

（出所）『犯罪白書』（令和 3 年版）、p.190

このように表面化した事件の陰で、犯罪の土壌ともいえるさまざまな問題が存在している。それは組織的犯罪グループの存在であり、反社会的組織及びそれに準ずるグループならびに来日外国人による犯罪が依然として発生するなど裏社会での治安の悪化であり、今後も同グループの動向を注視していかなければならない。

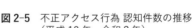

また、国民が不安に感ずる犯罪等については、インターネットを利用した犯罪及び振り込め詐欺や悪質商法ならびにストーカー行為であり、大幅な発生状況をみることができる（図２－６）。特にストーカー事案の相談は年々増加し、これが殺人等凶悪事件に及んでいる事例もみられる。社会的弱者といわれる子供に対する親等の犯罪も顕著である。自分の意思を通すため、言論によらず、テロ行為も選択肢となることは大変な脅威である。個人が殺傷能力のある手製銃を作れると実証し、直接行動で自分の思いを達成することが社会の風潮として広がらないよう願わざるを得ない。

　今の時代、核家族化が進展し、子供は大学に進学すれば独立して自分の家庭を構築しており、親が子供をどう教育し家庭をどのようにつくりあげてゆけばよいかがわからない新しい世代の増加が著しい。親も子も、自分自身が犯罪の被害に遭うだけでなく、加害者の立場、いわゆる自分自身が犯罪者になるかもしれない環境下に置かれている事実を明確に自覚していない。躾と称して子供に通常では信じられない体罰を加え、死に至

図 2-6　ストーカー規制法による警告等の件数の推移（平成 13 年～令和２年）

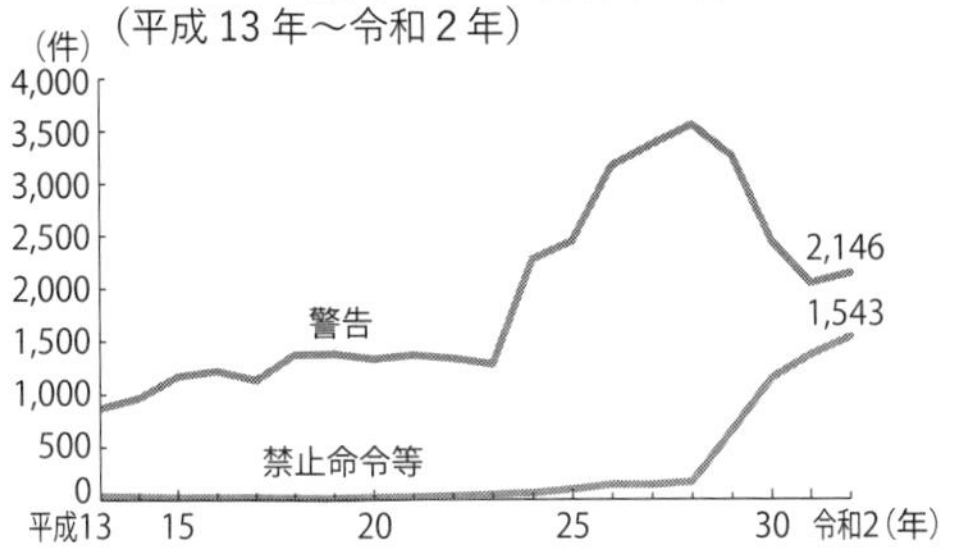

（出所）『犯罪白書』（令和３年版）、p.196

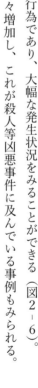

らしめる事件はマスメディアで大きく報道される機会が多くなっている。

このような状況を踏まえ、家庭は犯罪に対し、平凡ではあるが次の2点に極力注意する必要がある。すなわち、「家庭を犯罪から守る」・「家庭から犯罪者を出さない」という2点であり、そのためには次世代社会を担う者に対してしっかりとした道徳・倫理教育を行うことが肝要である。

加害者の動機として「どうして罪を犯したのか」「なぜ犯さなければならなかったのか」という原因については良く語られるが、その逆にアメリカの社会学者が提唱するソーシャルボンド理論に「どうして罪を犯さないのか」「犯してはいけないのか」と自問自答することの重要性が述べられている。これを社会全体で共有することにより日本の安全が復活するものと考える。

環境面でも大きな変化があり、高速道路や新幹線など高速交通網の整備、それに加えてインターネット機能のついたタブレットやスマートフォン等による通信網の進展により、犯罪の広域化・スピード化・巧妙化が犯罪の発生に大きく影響を与えている。

このような現状の中、犯罪防止活動や犯罪検挙に大きな威力を示しているのが街頭監視カメラや、既に国民周知の事実であるNシステムと呼ばれる「自動車ナンバー自動読取装置」で、「車両捜査支援システム」「初動捜査支援システム」「車両ナンバー捜査支援システム」「緊急配備支援システム」などの自動車ナンバー読み取り装置がある。

第2節　サイバー空間における犯罪の脅威

一　サイバー犯罪の現状

インターネットをはじめとする情報通信ネットワークは、国民生活や社会経済活動に必要不可欠な社会基盤として定着している。近年、働き方改革や感染症予防対策として取り入れられたテレワークによる労働は、働く場所を限定しない新たな生活様式をもたらし、情報通信ネットワークの発展は、電気や水道と同じ重要な社会インフラとして、国民の社会生活に切っても切れない存在となっている。また、メタバースの台頭には最大限の注意を払う必要がある。

これらネットワークの発展に伴い、「過去10年のサイバー犯罪検挙件数推移」（図2－7）の通り、犯罪の発生形態は、現実社会で起こる犯罪が減少している一方で、サイバー空間と呼ばれるインターネット等を利用したサイバー犯罪が増加の一途を辿っており、犯罪の舞台の一部は、現実社会からサイバー空間へ明らか

図 2-7　過去 10 年のサイバー犯罪検挙件数推移

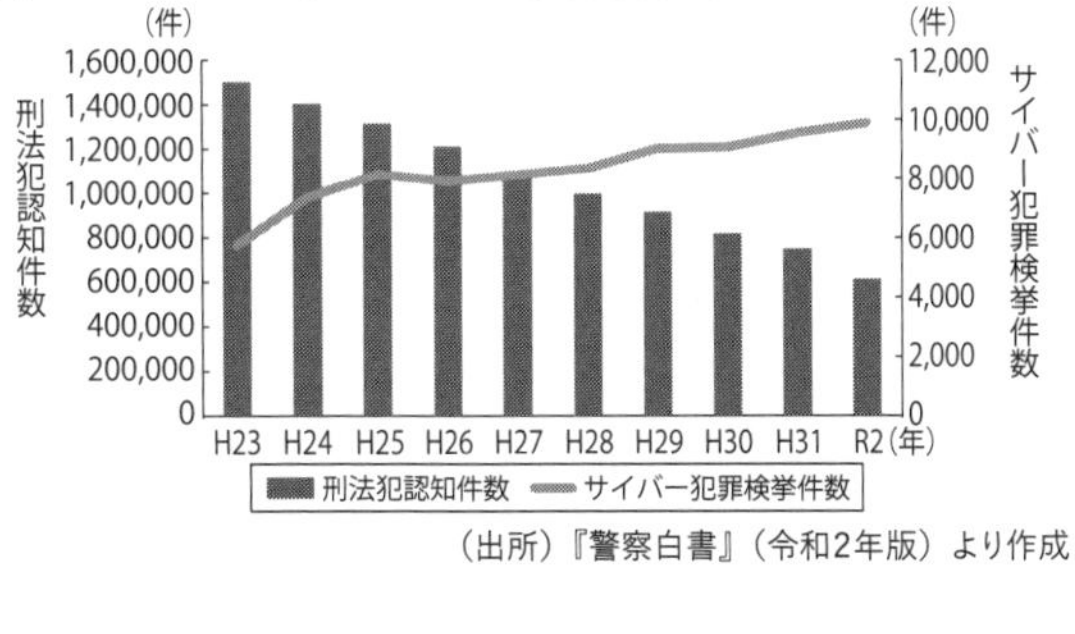

（出所）『警察白書』（令和2年版）より作成

にシフトしていることがわかる。

こうした情勢の中で、国民生活の安全確保を目的とする警備業者としても、サイバーセキュリティ分野への進出は国民からの要請であり、これらへの対処は重要な課題となっている。

(1) サイバー犯罪とは

コンピュータやインターネットを悪用した犯罪のことで、不正アクセスや電磁的記録を対象とした犯罪及びコンピュータ・ネットワークを利用した犯罪を指すとされている。

(2) 全国の発生状況

令和2年（2020年）中の全国のサイバー犯罪の総検挙数は、9875件で毎年増加している。

主な罪種別では、

・不正アクセス禁止法違反　609件
・コンピュータ・電磁的記録対象犯罪　563件
・ネットワーク利用犯罪　8703件

となっており、中でも商品等の売買にかかわる詐欺事件やわいせつ図画販売等のネットワーク利用犯罪が大勢を占めている。

二　サイバー犯罪の脅威

サイバー犯罪の特徴として、

・全世界からアクセスが可能である。
・ウイルス付きメールを送り付ける。
・個人情報を悪用し、ネットバンキング口座から現金を盗む。
・クレジットカード情報を不正使用する。

などの経済的被害があげられる。

その一方で技術力を誇示するために有名企業等のホームページやネットワークに侵入して、企業秘密の取得やホームページを改ざんする業務妨害事案などの被害が発生している。

個人対象の被害事例は

・偽サイトやＳＮＳでの商品購入詐欺
・フィッシングによるＩＤ、パスワードを盗用したアカウント乗っとりやなりすまし行為
・ネット上の誹謗・中傷・デマの書き込みによる名誉棄損
・パソコンやスマートフォンにウイルス感染させ、情報を流出

などが主である。

企業など法人に対する被害事例は

・ランサムウェアによるデータの人質被害

・標的型攻撃による機密情報の取得
・個人情報、クレジットカードデータの流出
・ホームページの改ざん被害による企業のイメージダウン

などで、パスワードの定期的な変更や、各種ソフトウェアの更新を怠ると、悪意あるハッカーの標的となり、企業全体のイメージダウンにつながることになる。

第3節　サイバー犯罪と警備業

一　サイバーセキュリティの重要性

企業内のネットワークシステムへ侵入を許すきっかけは、ホームページやウイルスが仕込まれたメールが多い。

この他に内部事情を知る退職者が顧客データを盗み出す場合もある。

ＩＤやパスワードの管理、アクセス可能な担当者の制限、ログ（通信記録）の追跡、使用するソフトウェアを更新することに加えて、従業員に対するサイバーセキュリティ教育を行うことに尽きる。

二　サイバー犯罪に対する警備業の役割

警備業者に求められるサイバーセキュリティの役割は、次のようなことがあげられる。

警備業務は、安全・安心の提供を目的とした業務を行うほか、情報を安全に取り扱うことも時代の要請であることを念頭に置かなければならず、警備業が今まで担ってきた人・物・金に加えて、「情報」も重要な財産である。

警備業者が行うべきサイバーセキュリティサービスとしては、次のような形態が想定される。

・サイバーパトロール（インターネット上の巡回業務）
・個人、法人に関する情報漏洩の調査
・誹謗中傷等の書き込みの調査
・特定のホームページ、サーバのぜい弱性の調査
・機密データ等の保管
・サーバコンピュータ等への不法侵入の監視
・セキュリティ教育専門職員の育成と派遣
・要請を受けた企業や学校へのサイバーセキュリティ教育の実施
・ホーム・セキュリティ機器への不正アクセス防止対策

第4節　犯罪防止に貢献する警備業の役割

江戸時代のような閉鎖社会では、犯罪につながる行為は隣近所の狭い密着した相互交流の中で事前にチェックされ、自然にかつ自動的に表面化するようになっていた。

しかし、全国的に都市化が進むにつれ、地域社会に対する無関心層が増加し、相互扶助の精神は徐々に薄れてくるに至った。その結果、今まで犯罪抑止に大きな力を発揮していた地域連帯意識が急速に低下し、犯罪の発生する背景が増大した。

戦後、全国に防犯協会のような営利を追求しない防犯団体が組織化され、「鍵かけ」など防犯意識のまちづくりの主役は地域住民であるとされてきたが、平成9年（１９９７年）5月に兵庫県神戸市須磨区の中学校校門前に切断した首が置かれていた事件を発端とした神戸連続児童殺傷事件、平成13年（２００１年）6月に大阪府池田市の大阪教育大学附属池田小学校における児童殺傷事件の発生で、児童や学校の緊急安全対策の必要性が訴えられた。

刑法犯認知件数が戦後最高を示した、平成14年（２００２年）の２８５万４０６１件については、警察白書（平成15年版）に記されており、地域の安全に大きな波紋が生じた。

これを受けてこれまでの防犯対策では対応できないと、各都道府県や各市町村で「犯罪防止条例」「安全・安心まちづくり条例」が制定され、自治体・地域・学校・家庭が相互に協働連携した地域ぐるみの犯罪防止活動が進められており、地区防犯協会等のボランティアが中心になって、全国的に地域安全活動が展開されている。成否の鍵は、地域住民の「自分の安全は自分で守る」という自主的な取り組みと、地域社会でそれを支援する地域安全システムの充実であろう。

このような流れの中で警備業が果たす役割は大きく、今後ますます重要になってくるものと覚悟しなければならない。

警備業者はユーザーの委託に基づいて犯罪等の発生を警戒し、防止する活動を営業として行っているプロである。そのため、地域安全活動への参加では、地域安全システムの確立に向けて、他の職域団体の参加者とは一味違った活動を求められる。

警備業者が地域安全に果たさなければならない役割は、ユーザー獲得に伴って生じる

⑴　地域安全思想の普及活動
⑵　護身行為の教育活動
⑶　社会的弱者へのサポート
⑷　警備事業の提供

の4点である。

今後、社会の構造はさらに多様化・巨大化・首都圏等集中化への方向に進み、地域安全を望む声が一段と高まるであろう。

一方、犯罪の質や形態も、それに伴い急激に変貌していくと思われる。

警備業者は、自らの提供する警備業務を社会の需要に応じて、常に変革してきた。その一つの結果として、「空気と安全は無料《ただ》」ではないという考え方を普遍化することに成功した。

前述の、警備員が行う安全パトロール業務を経て、社会は警備業を認識し、実際に犯罪防止に役立っている状況を踏まえて、警備業に地域安全の重要な柱となるよう期待することになったのである。

すでにイギリスでは、警備業者と地域住民が契約して地域を守るという動きが出ており、日本でも平成14年（２００２年）には、警察庁・警察本部が県と協力して住宅団地に高機能の監視カメラと緊急通報装置を組み入れた「スーパー防犯灯設置」を行い、犯罪防止に効果を上げており、民間警備業者も住宅団地を中心とした防犯システムを商品化するなど、これに追随している。

一　地域安全思想の普及活動

すべからく、人は自らの手で自らを守ることが基本である。人に危害を加えられそうになった時はもちろんのこと、自分の家に泥棒が入り、現金・貴重品を持ち出されそうになった場合、全然、抵抗しない人はいないであろう。まず自分で自分を守り、家庭を守ることから始めなければいけない。地域安全思想が、社会を構成している各地域の最小単位としてがっちりと根をおろすことが肝要である。

警備業者は営利を目的としているからこそ、地域安全思想の重要性について社会の認識を深める活動に、積極的に参加推進してゆく義務が生じるのである。

地域安全思想の普及は、警備業者が果たさなければならない、重要な役割の一つである。

二　護身行為の教育活動

地域安全思想が普及し、自分で自分を守るためにはどうすればよいか。

警備業者はその問いに対して、具体的に応じる義務をもつ。自分自身を危害から守るのは、いわゆる護身行為であり、家庭を守るのは、家族一人ひとりの気配りと連携である。

警備業者は、どのように守ればよいかについての考え方と、具体的な肉体的物理的対応の方法を、特定された警備の対象者に教育するよう社会全体から要求されていると考えなければならない。

この教育活動は生涯教育運動と関連し、単なる営利事業の一部分ではないことを認識する必要がある。現代社会は、なるべくなら自分で手を出さずに済ませたいとか、カネですべてを解決してしまいたいという風潮が強い。この環境の中で、自分の始末は自分でする、という考え方と実践方法を教育することは、有意義でもあり貴重でもある。警備業者は、この基本思想の教育担当者であることを自覚し、具体的対応を積極的に実行しなければならない。

三　社会的弱者へのサポート

広義の社会的弱者とは、社会集団の構成員でありながら、大多数の他者との比較において、著しく不利な、あるいは不利益な境遇に立たされる者のことであるが、本書では犯罪の被害者から守る意味合いから子供・女性・高齢者・障碍者を対象とした警備業でのサポート業務にとどめる。

子供を対象とした犯罪では、平成29年（２０１７年）には千葉県下では登校途中の女子児童を略取誘拐し殺害する事件や、令和元年（２０１９年）には神奈川県下でスクールバスを待っていた児童を狙った凶悪事件が発生するなどの犯罪が発生している。

女性を対象とした犯罪では、平成11年（１９９９年）に埼玉県内で発生した桶川ストーカー殺人事件など、ストーカー事案による被害の増加や、強制性交犯罪が依然として高い数値を示している。

高齢者を対象とした犯罪ではオレオレ詐欺などの特殊詐欺の被害対象となっているほか、電話確認による訪問強盗、さらには路上におけるひったくり被害など高齢者の弱点を巧妙についた事件が多発している。

また、神奈川県庁のＨＰにも記載（令和４年11月20日）の通り、平成28年（２０１６年）神奈川県相模原市に所在する、障害者支援施設で、入所者19人が殺害される凄惨な事件が発生し、国民に大きな衝撃を与えた。

これら悲惨な事件も警備業務を活用し、防止できる余地があったのではないか。

大きく捉えれば、1号業務の施設警備の導入、つまり常駐警備や機械警備、警備員の巡回警備がそれであり、個人的な安全確保には4号業務の身辺警備、他に特定地域のパトロール活動などを業務とした安心・安全まちづくり活動にあたると考えられる。

社会的弱者へのサポートには警備業として活躍できることの周知活動を行い、業務として積極的に取り組むことこそ安全確保と大きな社会への貢献になり、これを推進していかなければならない。

四　警備事業の提供

警備業者が、防犯思想の普及に努め、具体的な防犯に関するさまざまな方法手段を教育したあとにも、問題は残る。

それは、自分ではやりたくないし、また、できないと考える人々の存在である。

警備業者は、時代の波に乗り、多数の顧客を獲得した。今では、危険を回避するためには、警備業者に依頼するのが手っとり早いし確実である、と考える立場の人々が多く存在する。

警備業者が全国的規模で存在し、各地で民間防犯システムの重要な核となることは、社会の犯罪防止思想の普及と相まって、現実に、犯罪を阻止する大きな役割を担っているのである。

警備業者のもつ防犯システムは、人力によるものと機械の力によるものに分かれており、人力に関しては、よく教育訓練された警備員により構成されている。機械の力に関しては、各種センサー（人体の熱を感知する熱線感知器や赤外線感知器、または超音波感知器等）で危険を感知することにより、即応処理をはかるようシステム化されている。

以上４点が警備業の地域安全に課せられた事項であり、いわゆる安全・安心まちづくりをソフト面とハード面を駆使していくことが必要である。

第3章　自然災害と警備業

自然災害とは災害対策基本法の2条で、暴風、竜巻、豪雨、豪雪、洪水、崖崩れ、土石流、高潮、地震、津波、噴火、地滑りその他の異常な自然現象により生ずる被害と定義されている。

日本は、地理的、地形的、気象的な諸条件から、台風、豪雨、豪雪などの発生しやすい国土となっており、毎年、自然災害により多くの人命や財産が失われている。第1章でも述べたが、被災地域で警備業は復興支援に貢献しており、今後も活躍が期待される。

第1節　自然災害の現状

自然災害による被害は、1950年代まで死者数1000人を超える被害が発生したが、さまざまな防災対策の整備により減少傾向にある。

しかし地震災害では、平成7年（1995年）の阪神・淡路大震災により死者が6400人を超え、平成23年（2011年）では東日本大震災による死者が1万5000人を超えた。

さらに将来、太平洋側を中心とした地震発生が警戒されており、「大規模地震対策の概要」（表

表 3-1　大規模地震対策の概要

項目	内容	東海地震 地震防災対策強化地域 8都県 157市町村	南海トラフ地震 地震防災対策推進地域 29都府県 707市町村	首都直下地震 緊急対策区域 10都県 309市町村	日本海溝・千島海溝周辺海溝型地震 地震防災対策推進地域 5道県 117市町村	中部圏・近畿圏直下地震
被害想定	想定地震	東海	南海トラフ	都心南部直下	宮城県沖	上町断層
	死者数(人)	約9,200	約323,000	約23,000	約290	約42,000
	全壊建物数(棟)	約460,000	約2,386,000	約610,000	約21,000	約970,000
	経済的被害(円)(直接・間接被害の合計)	約37兆	約215兆	約95兆	約1.3兆	約74兆

（出所）『消防白書』（令和２年版、一部抜粋）、p.125

３－１）によると、南海トラフ地震（死者32万３０００人）、首都直下地震（死者2万３０００人）等の被害が予想されている。

　水害では、『消防白書』令和元年版によると、西日本豪雨と称される「平成30年7月豪雨」では、土砂災害、河川の氾濫等により、死者２６３名、行方不明者８名、負傷者４８４名の記録があり、大きな被害があった。

　これら大規模な被害が発生した場合は、災害対策基本法に基づき、内閣総理大臣をトップとした国レベルでの防災対策が行われている。

　しかし、将来の自然災害発生を予測することは困難を極めており、一人ひとりが危機意識をもち、地域一体となった事前準備を行う必要がある。

第2節　自然災害発生時における警備業の役割

一　事前防災活動への参加

自然災害は、いつ、どこで、どのような規模で発生するかを予測するのは困難な状況である。しかし、防災活動を迅速かつ円滑に進めるために、国や自治体等の観測機器を活用した災害対策が進められ、発生した場合に備え応急対策用の資器材、緊急連絡用資器材、避難施設の整備等の予防対策が進められている。

また、防災活動を進めるためには、国民一人ひとりの協力が必要であり、常に安全・安心の提供を目的とする警備業としても、防災に関する知識と防災意識の高揚に努めなければならない。各都道府県の警備業協会で定期的に行われる「災害支援隊訓練」等は、警備業者の緊急招集想定や、被災地における避難訓練・負傷者の対応等、警備業者が災害発生時に備えた実践的訓練を実施しており、積極的な取り組みがさらに求められている。

個人としては身近なところで、居住地域と職場周辺のハザードマップを確認しておき、それぞれの地域における災害時ボランティア活動等への参加や、防災活動・防災訓練等の行事にも積極的に取り組むことが事前の備えとして重要である。

二　社員の安否確認と連絡体制の確立

大規模災害発生時、警備業者としてまず第一に確認しなくてはならないことは社員の安否確認である。災害発生から一定の間、連絡系統は不通になると想定し、事前のマニュアルと安否確認ツールの整備は必須であり、平時から災害発生時に備え訓練を行うことが必要不可欠である。また、大規模停電の可能性もあり、電源が必要なパソコンやプリンター、充電に限界があるタブレット等で、社員名簿や連絡先を電磁的に確認できない場合がある。アナログではあるが、警備員名簿や印刷物による確認作業を想定しなければならない。自家発電機やスマートフォン用のバッテリー、ラジオ等、災害備蓄品の常備が必須である。

通信手段による確認方法は、通信インフラに障害や制限がある場合は回復次第となるため、全社員の安否確認には時間がかかる可能性がある。対面手段による確認方法は、各警備先に社員が集まって、お互いに安否確認を行うことができる。社員を孤立させないため、一刻も早い確認が重要となる。社員の安否が確認できた時点で、社員の家族、住居、食料や衣服、今後の連絡方法について、状況を確認することが次の対策への一歩となることを忘れてはならない。

三　営業拠点の安否と早期立ち上げ

司令塔的存在の営業拠点の安否確認も、社員の安否確認と並行して行うべき重要な業務である。この営業拠点の存在価値こそが警備業者に対するお客様への信頼確保と、社員のとるべき行動の拠点となるものである。営業拠点に、今後必要となる物資や人的労働力を本部や非被災地拠点は連携して支援体制を整えることが重要である。その際に気を付けなければいけないことはライフラインの状況確認になる。高速道路の封鎖状況や鉄道の運行情報を確認し、高速道路使用においては、事前の車両登録が必須条件となるが「緊急通行車両確認証明書」等の発行手続きを速やかに行い、被災地に向けた支援ルートを確保しなければならない。被災地の営業拠点が自力で早期回復を行うことは困難と想定した上で、外部から支援要員や救援物資を投入するなど、人的物的支援を速やかに行い、通信手段や電力の確保に尽力し、飲食物等の救援物資が警備先の社員に行き渡るよう手配しなければならない。被災状況によっては、拠点に代わる予備連絡所を事前に設定しておくことも考慮しておく必要がある。

四　お客様の被害確認

自然災害の発生は時を選ばない。事前に災害時の緊急連絡先や災害発生時の組織連絡系統を把握し、警備員自らの安全確保を念頭に可能な限りの手段で被害確認の上、お客様へは現状報告を行う必要がある。報告で大事なことは、スピードと記録である。正確な時間と情報が効果的な初動対応につながる。また、自然災害による被害状況は画像等があると、状況把握が行いやすく二次被害防止につながりやすい。なお、怪我人の有無の報告は必須である。施設であれば応急対策用の資器材を活用し、浸水の対策や危険個所への立ち入り制限を行って、安全確保に取り組むことが、警備業の目的である「人の生命、身体、財産等を守ること」になる。

災害による被害が甚大であれば、想定外の事態も発生する。施設の倒壊や死傷者の発生が目の前で起こる事態もあり得る。自らの安全確保を行い、人命を最優先とした救助や避難誘導を関係各所と可能な限り協力することが重要であり、いついかなる時も冷静に対応しなければならない。通信インフラが回復次第、営業拠点と連携し支援を受けながら警備業務を継続することで、契約先の原状復帰を支える役割を担うことになる。

五　業務依頼要望への対応

今後、災害発生に備えた警備業務や、発生後の警備業務なども予想されるが、決してこれを売り物にするのではなく、いわゆる「転ばぬ先の杖」としての対策も必要とされる。例えば、避難所における安全対策や避難で留守となった地域のパトロール、立入禁止規制区域の警戒活動などさまざまな警備業務対応が要望されることを想定しておかなければならない。

災害支援の際に注意すべき点は、被災地では崩れた建物や土砂、瓦礫、地割れ、浸水、さらには火事場泥棒なる不法行為者が介入している可能性もある。警備業者は、依頼者からの情報だけではなく、自治体や警察機関、一般社団法人全国警備業協会からの情報を収集し、関係各所と連携して、安全確保のもと警備業務に努めることが重要である。

六　支援協定

警備業者としては、大規模災害発生時における「支援協定」に基づく支援活動があり、地域社会と連携して、さらなる貢献が必要である。この協定は、平成7年（１９９５年）1月17日の阪神・淡路大震災をきっかけに、全国的規模で広がったもので、緊急交通道路の確保と被災地における防犯パトロールを主な活動としている。

一般社団法人全国警備業協会のＨＰには、「２０１１年3月11日に発生した『東日本大震災』では、警備業界の人的支援活動として、被災から約2カ月間、延べ７３０名で宮城県において災害支援活動を行いました」と記されている。

しかし、被災地には大きな危険も伴う。「警備保障タイムズ」２０１８年8月1日号によると、「平成30年7月豪雨」災害では、岡山県で交通規制中の警備員10名が流され、うち2名の警備員が死亡した。

この支援協定も、全国的に平成8年（１９９６年）から平成13年（２００１年）に締結されたままであることから、令和４年（２０２２年）2月の時点においても、内容を見直す協議が継続されている。

第4章　火災と警備業

警備業法には火災に関する記述はないが、警備業法の定義中に「盗難等の事故の発生を警戒し」という項目がある。

火災の防止は、この項目の中に含まれているというのが警察庁の有権解釈である。

そして警備業者が警備を依頼しにきた顧客と契約を締結する際に、火災防止に関する項目は文章化するのが通常となっている。

失火であるか放火であるかを問わず、現実に火災が発生すると、依頼者の通常業務が著しく阻害され、大きな被害が発生することになる。

依頼者は、自然災害等の不可抗力的な問題を除いて、盗難や火災をはじめとするあらゆる事故を回避するために、警備業者に警備を依頼するわけである。

警備業者はこれに応え、防犯活動や防火活動を重点とした、警備業務を契約先に対し提供しなければならない。

警備業者が警備業務を実施するにあたっては、警備診断が必須条件である。

警備診断により、防火活動の具体的問題点が浮き彫りになってくる。火災発生の原因となりそ

図4-1　管理権原者とは

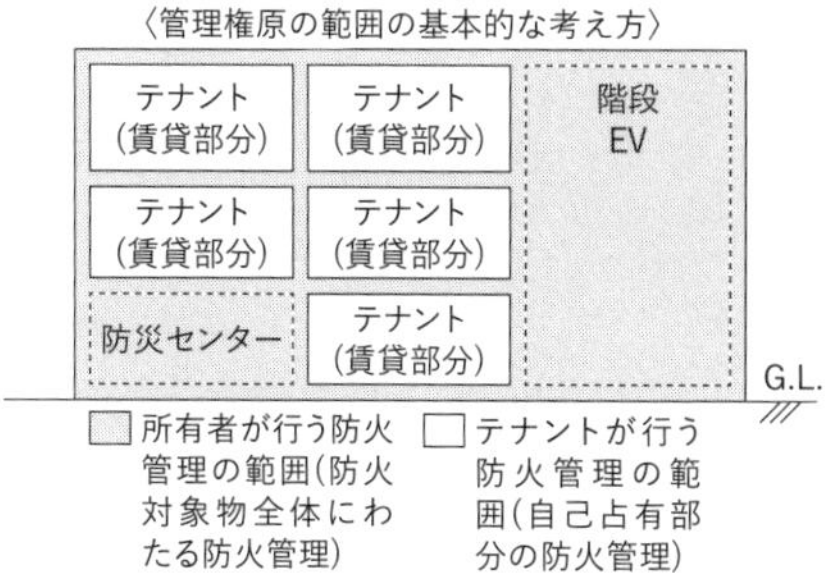

（注）管理権原者とは、防火管理の最終責任者、建物の所有者や賃借人などを指す
（出所）東京消防庁HP「防火管理実践ガイド 管理権原者とは」（令和4年7月）

うな物理的諸条件や日常習慣を発見指摘し、依頼主に対し防火活動に関する提案を行うことが、警備診断の重要事項である。

警備診断で防火に関する対象をみるときは、対象先の担当者とじっくり話しあう必要がある。特に、一定規模以上の施設については、消防法第8条により、「管理について権原を有する者」（図4－1）は防火管理者を選任し、防火管理業務を行わせなければならず、警備業者は防火管理業務の一部を委託される業者に位置づけられている。

火災とは何か。「火災調査規程・平成19年3月30日・消防訓令第32号（令和3年1月1日施行）」の第3条においては次のように定義づけている。

「火災とは、人の意図に反して発生し若しくは拡大し、又は放火により発生して消火の必要がある燃焼現象であって、これを消火するために消火施設又はこれと同程度の効果のあるものの利用を必要とするもの、又は人の意図に反して発生若しくは拡大した爆発現象をいう」

火災が発生し、現実に燃えている場面に遭遇すると、人は何か役に立つことはないかと瞬間的に考えるようである。具体的には消防署へ通報するとか、消火作業を手伝うとかいった内容が一般的であり、これら自発的行為は、社会通念上では当たり前の行為であると考えられている。

この行為に関し、消防法第6章には消火の活動として、火災発見者の通報義務、通報協力義務、応急消火等の義務を定めている。

（火災発見者の通報義務・通報協力義務）

第二四条　火災を発見した者は、遅滞なくこれを消防署又は市町村長の指定した場所に通報しなければならない。

②すべての人は、前項の通報が最も迅速に到達するように協力しなければならない。

（応急消火等の義務）

第二五条　火災が発生したときは、当該消防対象物の関係者その他総務省令で定める者は、消防隊が火災の現場に到着するまで消火若しくは延焼の防止又は人命の救助を行わなければならない。

②前項の場合においては、火災の現場附近に在る者は、前項に掲げる者の行う消火若しくは延焼の防止又は人命の救助に協力しなければならない。

警備業者は前述した消防法の内容をよく理解しておかねばならない。

特に警備員は、防火活動に関して何ら権限は与えられていないことを自覚した上で、消防法上の義務を果たすべく、立場をわきまえて行動するよう求められているのである。

第1節　火災の現状

『消防白書』令和2年版によると、平成21年（2009年）以降の出火件数をみるとおおむね減少傾向となっているが、令和元年（2019年）中の出火件数は、3万7683件で死者は1486人にものぼっている（図4-2）。

火災の種別は、『消防白書』で次の六つに区分されている。

①建物火災　②林野火災

図4-2　火災の推移と傾向図（各年中）

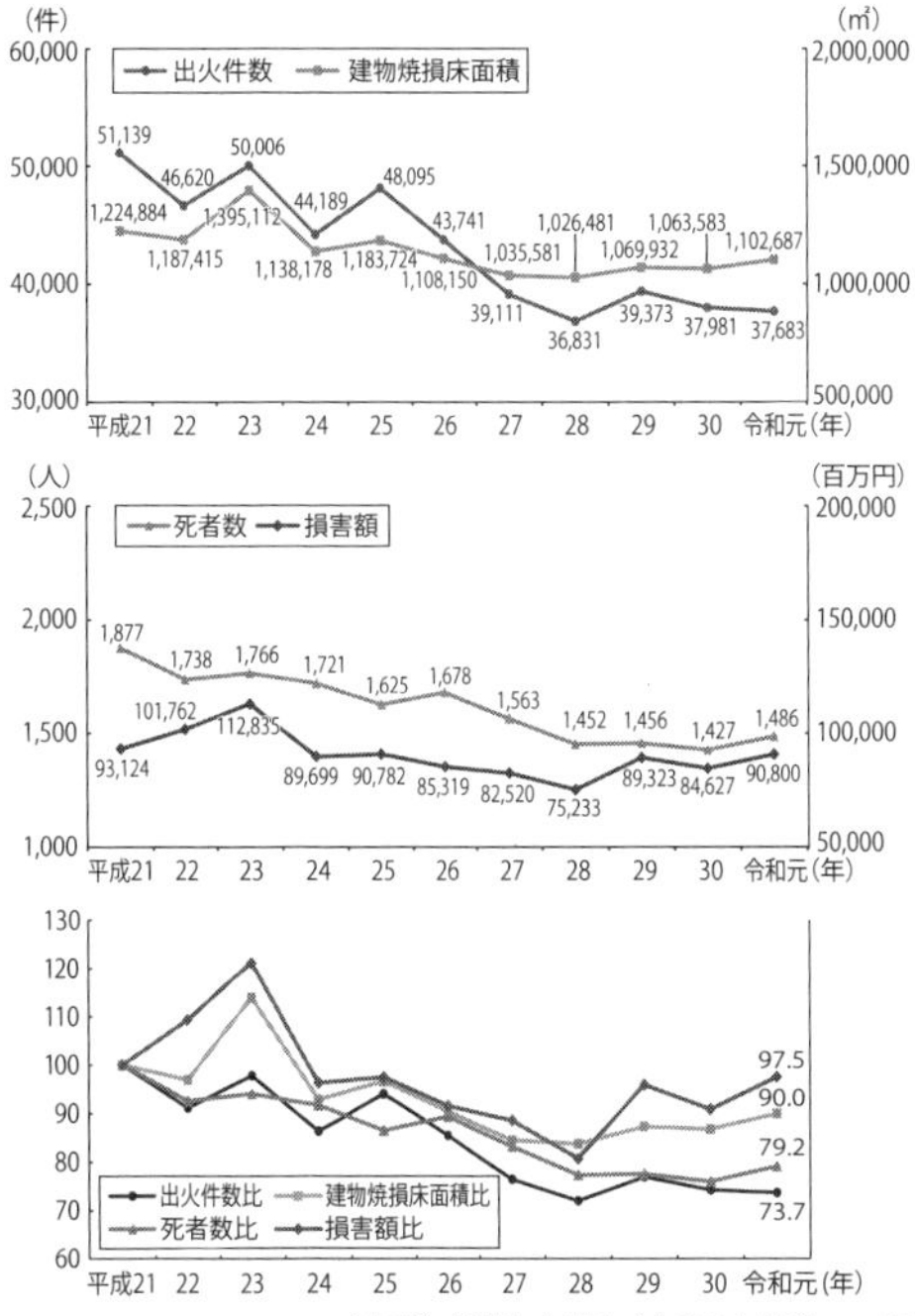

（出所）『消防白書』（令和2年版）、p.57

③車両火災　④船舶火災　⑤航空機火災　⑥その他の火災

これら火災のうち、出火原因を令和元年（２０１９年）でみると、たばこが最も多く、次いでたき火・こんろ・放火・放火の疑い等による順になっている（図４－３）。

警備業にとって一番関係が深い火災は建物火災であり、令和元年では２万１００３件で一日に57・5件発生し、全火災の構成比率でみても55・７％で最も高い比率となっている。

これら建物火災の火元建物を詳細に区分けすると、住宅、複合用途、工場・作業場、事務所等、倉庫、飲食店、物品販売店舗、その他の建物で、住宅が１万７８４件と全体の51・３％を占めている（図４－４）。

特に注意しておかなければならないことは、住宅火災が減少する一方で65歳以上の死者の割合が70・０％となっており、今後さらに高齢社会が進むとともに、自分で思うように身体を動かせない乳幼児・身体障碍者等の被害が懸念されるところである。

危険物施設における火災では、令和元年（２０１９年）に

図 4-3　主な出火原因別の出火件数（令和元年中）

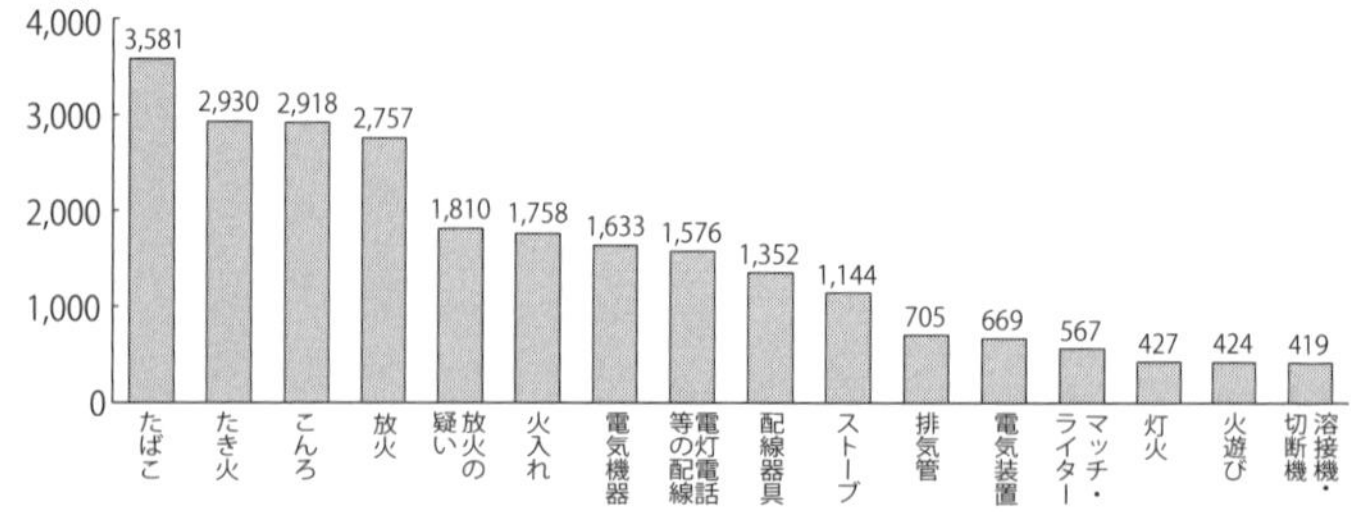

（出所）『消防白書』（令和2年版）、p.66

図 4-4　建物火災の火元建物用途別の状況（令和元年中）

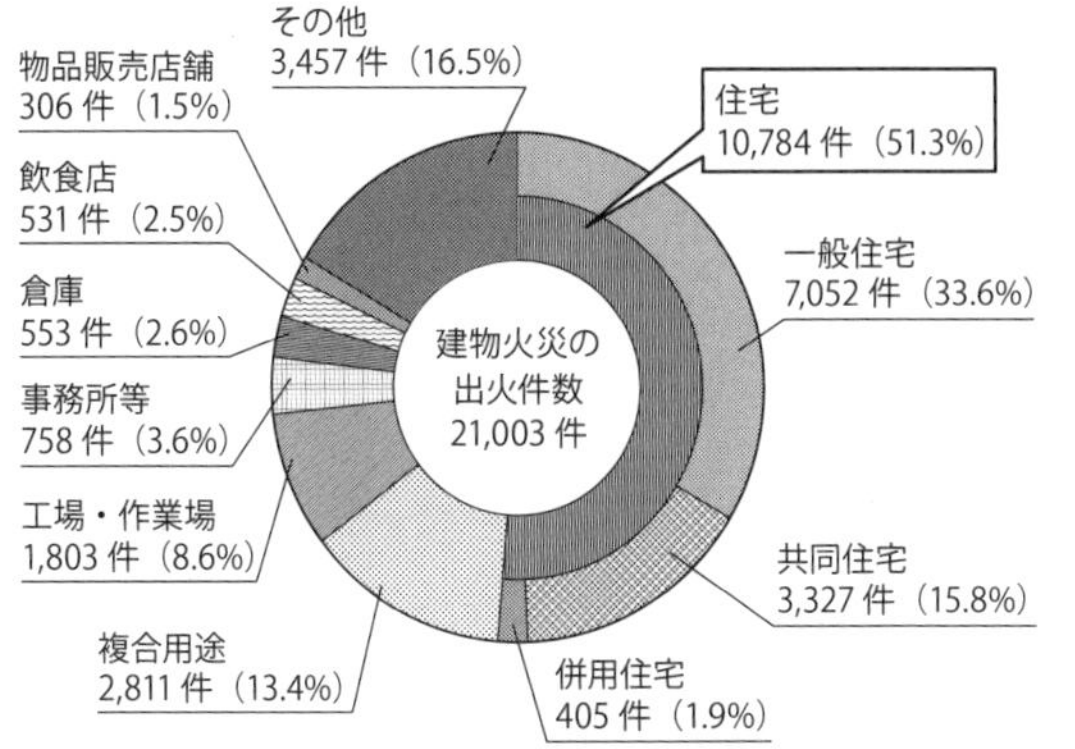

（出所）『消防白書』（令和 2 年版）、p.69

２１８件と施設が減少しているにもかかわらず増加傾向にあり、主な発生原因は維持管理不十分、操作確認不十分等の人的要因によるものが多くを占めている。

火災による生命・身体・財産被害は大きく、また企業体等の活動が停止させられることによって生ずる損害も計り知れないものがある。

火災を発生させないため、また火災が発生した場合にその被害を最小限に食い止めるため、防火管理業務が必要となる。

その甚だしい被害を考えると、できる限りの予防措置を講じたつもりでも、十分だと安心するわけにいかないことは明白である。

第2節　自動火災報知システム

建物のすみずみまで、常に人間が監視して火災の発生を警戒していれば、早期発見が可能であり、惨事につながらないですむ。

しかし、人間が24時間、一瞬の気のゆるみもなく、あらゆる場所を監視することは、費用の点だけでなく、人間の能力面からみても、非常に難しいことである。

そこで、人間を補完する意味で機械の力を利用し、火災が発生したら即発見できるようなシステムをつくり上げ、かつ、あらかじめ設定されたところへ情報が伝わるようにしたものが、自動火災報知システムである。

機械警備業者の機械警備システムは、自動火災報知システムと連動させることが可能で、即応体制がとれるように準備されており、また、消防法第17条により定められている消防用設備の一部として、指定された範疇に入っている。

消防用設備は、消火設備、警報設備、避難設備の3種類である。

(1) 器具及び消火設備

防災上、危険と思われる場所へ動かそうと思えば動かすことのできる消火器具類を言い、次の器具・設備類がこれに該当する。

消火器、消火剤、簡易消火用具、水バケツ、乾燥した砂、屋内消火栓設備、スプリンクラー設備、屋外消火栓設備、粉末消火設備、泡消火設備、水噴霧消火設備、ハロゲン化物消火設備、二酸化炭素消火設備等である。

(2) 警報設備

建物に設置して、常時24時間体制で各種センサーが異状の有無を監視し、非常事態が発生すると同時に警報を発するもので、その設備内容によっては、同一建物内部への報知から、別施設への通報が可能となるものまであり、実に多種多様である。

具体的には、機械警備業者の行う機械警備設備、自動火災報知設備、ガス漏れ火災警報設備、漏電火災警報設備、消防機関へ通報する火災報知設備、非常ベル、自動式サイレン、非常放送設備等である。また、人間の手による物もあり、手動式サイレン、携帯用拡声器、警鐘等の器具がある。

さらに、消防白書によると、消防庁がＡＩ等を活用した各支援システムの計画を進めている。

(3) 避難設備

最近は高層ビルの建築が多く、ホテルや旅館等に泊まる場合、「適マーク」（消防機関による防火対象物適合表示）があるかないかを確認する人々が増加している。

高層階での宿泊者が火災に遭った場合、避難階段がどこにあるのか、どのように逃げればよいのか等の判断に迷うケースが多い。

そのような場合、防煙袋・耐火袋、懐中電灯の用意や、誘導灯、救助袋、緩降機等の避難設備があることで、助かる確率が著しく増すわけである。

また、不特定多数が来場する、大型商業施設等では避難誘導灯にフラッシュ（光の点滅）や音声案内だけでなく、外国語の案内もあり、非常時における設備対策も向上してきている。

第3節　火災防止における警備業の役割

警備業者は、火災防止に関しては、警備の実務上必要欠くべからざるものであるにもかかわらず、あまりスポットライトを浴びていないのが現実の姿である。

内容が重複するが、火災を発見した場合、その発見者は、消防署へすぐ通報することが、消防法第24条によって義務づけられている。

警備員は勤務内容の特殊性により、火災を発見する機会が極めて高い。いわゆる施設警備業務に従事する警備員と、機械警備業務のパトロール要員が、火災に直面しやすい。

火災を発見した警備員は、警備システムの一環として即応処置をとり、火災の拡大防止・消火に努めることになる。

このような場合、警備員が一般民間人と異なるのは、本人自身が防火訓練等の教育を受け、火災発生時の対応の仕方を知っていることである。

警備員自体が警備システムにおける重要な構成員であるという事実と、その自覚をもっているということである。

善意の第三者と警備員とでは、明らかに異なる対応が要求されるが、その部分を消防法に基づいて考えてみると、次の条項が該当することになる。

第二五条③　火災の現場においては、消防吏員又は消防団員は、当該消防対象物の関係者その他総務省令で定める者に対して、当該消防対象物の構造、救助を要する者の存否その他消火若しくは延焼の防止又は人命の救助のため必要な事項につき情報の提供を求めることができる。

（消防車の優先通行等）

第二六条　消防車が火災の現場に赴くときは、車馬及び歩行者はこれに道路を譲らなければならない。

（消防車の非公共用道路等の通行権）

第二七条　消防隊は、火災の現場に到着するために緊急の必要があるときは、一般交通の用に供しない通路若しくは公共の用に供しない空地及び水面を通行することができる。

この条項に基づいて、警備業者は、警備員に対して、火災発生の確認に伴う消防車両の誘導、関係者の避難誘導、救護活動、消火活動、雑踏の整理等の応急消火義務を果たせるよう、教育を施すことが求められているのである。

『消防白書』令和2年版によると、令和2年（2020年）4月1日現在の消防職員は16万6628人、消防団員は81万8478人となっている。

これら消防業務に携わっている人々は、火災の発生を確認したのちに専門の立場で活動を開始するわけであるが、警備員は火災の発見者となることが多いため、火災防止や初期対応に果たす役割は非常に大きなものがある。

警備業者の防火に対する心構えいかんで、事前の点検が徹底され火の気を断つことが通常となれば、火災の危険は遠のくことになる。

また、万一火災が発生した場合でも、警備が充実して、システムの確立がはかられていれば、前述したような応急消火義務行為が速やかにでき、結果として被害が最小限に食い止められる。

いずれにせよ、警備業者に課せられた火災防止に関する職務は、特定契約先のためばかりではなく、その近隣居住者の役に立ち、ひいては公益のために大いに役立つものである。

火災は即「死」に直結する悲惨な事案だけに、いくら注意しても注意しすぎるということはない。

第5章　警備業者を選ぶ基準

自分の勤務している企業・組織・団体や各関係先に、警備業者のマークを貼ってあるのをみたことがあるだろうか。今や、警備業者はさまざまな警備システムを開発し、それが社会全体に定着してきたとみられるようになった。そして、個人や家庭の分野にまで、その領域を広げつつある。

警備を依頼することが、社会の中で不思議に思われなくなっている現在、自分に適合する警備業者の選び方を、知っておく必要があろう。

安易な気持ちで警備を依頼すると、何か問題が発生した場合、保障の範囲（補償や保証を含む）をめぐって紛争が生じ、高い授業料を払わされることになりかねない。

警備業者も民間の営利業者である。利益が上がらなくては、警備業を経営してゆくことは不可能である。したがって、警備業者の中にも、良心的なところとそうでないところがある、ということを知っておかねばならない。

世間でいうところの警備保障会社のイメージは、組織の充実している大きな会社ばかりであると思われているようだ。しかし実態は、イメージと極めて異なっている。警備業者の大多数は、中小零細規模の業者で占められている。例えば令和3年（2021年）末現在では、警備業者数1万359業者であり、第7章で後述するがその内訳は、警備員数1000人以上の警備業者は49業者、500人〜999人は82業者、100人〜499人は927業者、99人以下の警備業者は9301業者であり、警備員数100人未満の業者が、実に全体の89・8％を占めている事実をみれば、とても大きな会社ばかりであるといえないことがわかる。

また、警備業界を全国的な視野でみると、先行している大手2業者グループと、大企業の子会社を中心としたグループ、さらに独立系の警備業者に加え全国展開をする企業や外資が、多様な形で提携しつつ、地域ごとで相対峙しているという形になっている。

警備業者にも、各自得意な分野と不得意な分野がある。警備業者を選ぶときは、得意な分野が何であるか、その特徴をよく調べて見極めること、自分の依頼したい内容が何であるかを自覚した上で、警備業者を決める必要があろう。

第1節　警備業者を見わけるコツ

警備業者を見わけるには、自分の眼で確認するに越したことはない。しかし、どこに警備業者があるのかわからないのが通常である。

警備業者が必要となった場合、テレビCMやネット広告等でなんとなく覚えている業者名を思い出し、ネット検索したり、あるいは、知り合いに紹介されたり、飛び込みのセールスマンに勧められたりして、会社の名前を覚えることも多々あるようだが、問題は、外見ではなく中身である。

中身のよい警備業者を見わけるコツは、その会社が法律を守っているかどうかを見抜くことであり、その見抜く力を養うには、次の5段階の手順を実地に体験することである。

(1)　警備業法の説明を求める。
(2)　法律に基づく資料を請求する。
(3)　会社を訪問する。
(4)　その会社の警備先で話を聞く。
(5)　警備の中身を納得ゆくまで確認する。

まず、第1段階の警備業法の説明を求めることであるが、実際に面談して話を聞いてみることだ。その際、警備業法という法律はこうこうで、当社としてはこのようにやっている。例えば、教育については法律で義務づけられており、当社の教育時間はそれを上回っている、というような返事が返ってきたら、第1段階は合格である。

次に第2段階の資料請求である。

パンフレットのようなものではなく、教育や法律に関する具体的な納得のゆく資料が出てくるかどうか。説明された話と食い違いがあるようでは、要注意と考えてよい。できれば社内報等をよく確認することである。社外に出すお化粧したものでは内容がわからない。ここで自分自身に納得のゆくきちんとした資料が出たら、第2段階は通過したことになる。

第3段階は会社訪問である。

その会社に一歩入ったとき、明るくキビキビした挨拶や動作で迎えられるかどうか。暗い、じめじめした雰囲気では警備業という業態から考えて、あまりお勧めできない。

できれば役員か管理職者に会って、話を聞くべきである。今まで聞かされた話と、食い違いがあるかないかを確認したい。話の辻褄が合って、使命感のようなものが感じ取れるなら、第3段階は文句なく合格である。

念には念を入れるということで、第4段階に入る。

その会社が契約している警備先に行き、評価を聞いてみることだ。

顧客側の責任者に会い、評価を聞くことにより、本当に警備を依頼してもよいかどうかの判断が、そこでつくことだろう。話と実態に乖離がみられたら、再考しなければならないことはいうまでもない。ここで納得がゆけば、この段階もパスである。

最後の第5段階、締めくくりは警備の中身についてである。

警備料金は、世界的な新型コロナ対策による活動制限や、ロシア軍によるウクライナへの軍事侵攻も影響し、景気が好転しないまま低い水準で横ばいの状況である。しかし「安かろう、悪かろう」では、依頼する側も困る。具体的にどのような警備を提供するかがわからないでは、いくら安くとも相手が悪質業者の時に、対応のしようがなくなる。自分が気になっているセキュリティ上の問題点を列記し、文章で質問してみるとよい。警備診断もしないで、回答が返ってきたら断ったほうがよい。警備内容は一件一件、内容が異なって当たり前である。「あなただけは特別扱いさせていただきます」という印象なら、ちょっと安心である。そして、自分が気付かなかった、警備上の死角・盲点を次々に指摘し、対策を提示するようなら合格である。一応安心して話を進めても良いと言える。

この一連の作業が終了し、満足のゆく答えが返ってきていれば、自分に合った警備業者をみつけたことになる。注意しなければいけないことは、自分自身が相手のホーム・グラウンドに乗り込んでゆかなければいけないということである。自分自身の眼や耳で確認することを、怠ってはいけない。よほど信頼のおける者で、自分の眼や耳の代わりを務めさせている者でない限り、代役はやめた方がよい。

時間的な制約があって、これだけ手間をかける余裕がなく、また自分の判断力に自信をもつ方には、短時間で見分ける別の方法を紹介しておこう。

それは、社長に会うことである。社長は、警備保障会社（警備業者の意味）を経営する上で、必ず独自の哲学をもっている。警備業者独特の人生観や思想が、会って話をすることにより伝わってくるはずだ。その社長との対話の中で、あなたの琴線に触れる部分があれば、話を進めてみるべきであろう。特に、「この仕事は社会の役に立っている」という信念を社長がもち、かつ警備に関して胆識を備えていると判断できれば、何もいうことはない。その業者をためらわず選ぶべきである。

ただ一言、付け加えておくことがある。警備に関する費用のことであるが、従来、警備は利益を生まない非採算部門であるとの認識しかなかった。しかし、近い将来における警備の費用は、事故が発生した場合の事故処理費用を概算し、そのリスクを回避するための費用として警備料金が見積もられることになる。すなわち、警備料は事故処理費用概算額の何パーセントであるという算出方法が、重要視されることになるだろう。

第2節　企業の選定基準、10のポイント

企業や官公庁、各種団体等の担当者が、警備業者を選定する判断基準として、次の⑴～⑽のポイントをあげておく。ただし、最初の8項目は文書の提出を要求し、あとの2項目は自分自身で確認されるとよい。

⑴　認定証の確認

警備業を営もうとする者は、警備業法により定められた警備業の要件を満たしているかどうか、公安委員会の確認を受けることになる。要件を満たしていれば認定証（図5－1）が交付され、警備業を営むことができる。

図 5-1　認定証

別記様式第２号（第５条関係）

第　　号

認定証

住所

氏名又は名称

警備業法（昭和四十七年法律第百十七号）第三条各号に掲げる者のいずれにも該当せず、警備業の要件を備えていることを認定する。

有効期間　　年　　月　　日から
　　　　　　年　　月　　日まで

公安委員会　印

備考

1　用紙の大きさは、日本産業規格Ａ４とする。

2　中央部に日章の地模様を入れる。

（出所）一般社団法人全国警備業協会『警備業法の解説 12 訂 2 版』

(2) 機械警備業務内容の説明義務

機械警備業者は、異状発報受信後25分以内に現場へ到着するよう義務づけられている。それら機械警備業務の内容に関する書面を、契約を締結しようとする相手方へ事前に説明して交付しなければいけない、と警備業法で定められている。

(一) 警備業者の氏名又は名称、住所及び電話番号並びに法人にあつては代表者の氏名
(二) 警備業務を行う日及び時間帯
(三) 警備業務対象施設の名称及び所在地
(四) 警備業務に従事させる警備員の人数及び担当業務
(五) 警備業務に従事させる警備員が有する知識及び技能
(六) 警備員の服装
(七) 警備業務を実施するために使用する機器又は各種資機材
(八) 警備業務対象施設の鍵の管理に関する事項
(九) 基地局及び待機所の所在地
(十) 盗難等の事故の発生に関する情報を感知する機器の設置場所及び種類その他警備業務用機械装置の概要
(十一) 待機所から警備業務対象施設までの路程(当該路程を記載することが困難な事情があるときは、局地内において盗難等の事故の発生に関する情報を受信した場合にその受

信の時から警備員が現場に到着する時までに通常要する時間）
（十二）送信機器の維持管理の方法
（十三）警備業務対象施設における盗難等の事故発生時の措置
（十四）報告の方法、頻度及び時期その他の警備業務の依頼者への報告に関する事項
（十五）警備業務の対価その他の当該警備業務の依頼者が支払わなければならない金銭の額
（十六）上欄の金銭の支払の時期及び方法
（十七）警備業務を行う期間
（十八）警備業務の再委託に関する事項
（十九）免責に関する事項
（二十）損害賠償の範囲、損害賠償額その他の損害賠償に関する事項
（二十一）契約の変更及び更新に関する事項
（二十二）契約の解除に関する事項
（二十三）警備業務に係る苦情を受け付けるための窓口
（二十四）これらのほか特約があるときは、その内容

(3) 検定制度合格者の確認

昭和61年（1986年）に、検定制度がスタートしたが、現在行われている検定種目は次の通りである。

(一) 空港保安警備業務
(二) 施設警備業務
(三) 雑踏警備業務
(四) 交通誘導警備業務
(五) 核燃料物質等危険物運搬警備業務
(六) 貴重品運搬警備業務

検定制度がスタートしてから、約35年が経過した。警備業界では検定制度は定着し、平成16年(2004年)警備業法の改正により、専門的知識及び能力を要しかつ事故が発生した場合には不特定多数の人の生命や財産に危険を生ずる恐れがあるような特定の警備業務を行う際は、この検定を取得している警備員をその現場に配置しなければならないと定められるに至った。

(4) 補償能力についての確認

警備業者は、自社のミスにより発生した損害を補償するために、保険会社と警備賠償責任保険契約を締結しているのが普通である。したがって、警備業者に対してその保険証の写し、ならびにその領収書の写しを要求し、提出してもらえばよい。

(5) 社内問題のしわよせがないか

かつて、警備業者の中で、契約先から契約料金を受けとっていながら警備員に賃金を支払わず、契約先が二重払いをした例がある。

また、労災保険に加入していないため、契約先が迷惑をこうむった事例等を考えると、最低限、労災保険、雇用保険、健康保険、厚生年金等の領収書の写しを提出してもらうことが必要ではないだろうか。

(6)　一般社団法人全国警備業協会に加盟していることの確認

一般社団法人全国警備業協会という警備業者で構成されている組織がある。加盟しているかいないかは、判断する際のポイントの一つと言える。確認方法については、一般社団法人全国警備業協会加盟証の写しをみればよい。

(7)　社内体制の充実ぶりの確認

福利厚生をはじめとする、警備員の待遇状況を確認することにより、その警備業者の社内体制を推測する。社内体制がきちんとしていれば、契約先が迷惑するような問題が発生しにくいとも言える。

具体的には、経歴書の提出を求めるとともに、36《サブロク》協定（時間外労働・休日労働に関する協定）などの労働基準監督署に届け出なければならない書類の写し等も、提出してもらえばさらによい。

他には、産業医制度や労災上積保険、所得補償保険、退職金制度等の有無も確認することが望ましい。

(8)　教育の実施状況の確認

警備業法施行規則第38条により、警備業者は警備員に対し入社の時に20時間以上、警備員となってからは年度ごとに10時間以上、教育を行わなければならないと定められており、警備業者は、教育に関し、年間計画を立て、その内容をあらかじめ事業所内部に備え付けなければならないことになっている。この計画書の写しを提出するように求めるとよい。

(9) 第三者の評価を聞く

この項目からは書類の提出を求める必要はない。できればオンラインや対面で、直接相手の顔をみながら確認されるとよい。

評価を聞く先は、最寄りの警察署の生活安全課や現在警備をしている顧客の担当者または各地都道府県の警備業協会等がよい。

(10) 警備業者を訪問する

直接自分自身の眼で警備業者の実態をみることも必要である。

警備業者の会社内部が整理整頓されておらず汚れていれば、とても契約先まで気を配ることはできないと考えてよい。警備員の動作態度は、ある程度本人自身の資質によるところが大きいが、警備業者の訓練の内容によって、評価できるレベルにまで向上させることは可能である。警備業者側の舞台裏を確認することにより、選んでよいかどうかの判断は比較的容易になると言える。

企業等が、警備を依頼しようとする際は、この10のポイントをひととおり試されてみることをお勧めする。警備業者は、大手業者グループや大企業の子会社といえども、また地元業者も、一長一短がある。いずれにせよ、自社の理念にふさわしい行動がとれる警備業者かどうかを、前述した10のポイントを踏まえて検討し、決定すべきである。

第3節　ホーム・セキュリティの選定基準、10のポイント

世の中は便利になる一方であり、外出先からスマートフォンなどの端末を操作して、自宅の、炊飯器のスイッチを入れたり、風呂を沸かしたりできるようになった。

ホーム・セキュリティという言葉も、次第に耳になじんできたといえよう。ホーム・セキュリティは、ホーム・コントロール・システムの一環として家庭の中に登場している。泥棒に入られないために、火災を起こさないようにするために、ホーム・セキュリティが必要になってきているのである。

家庭がホーム・セキュリティを導入しようとするときは、警備業者がその窓口となる場合が多い。そのようなときに、どのようにして警備業者を選べばよいか、10のポイントを列記しておく。ポイントのうち、⑴〜⑷は電話だけの確認で済むものであり、⑸〜⑺は訪ねてみないとわからない部分であり、⑻〜⑽はホーム・セキュリティとしての必須条件である。

⑴　とりあえず電話してみる

スマートフォンやパソコン等で電話番号を調べたら、とりあえず電話かメールをしてみる。朝

でも昼でも夜でも、深夜でも早朝でもかまわないから、連絡をしてみて、どれぐらいの時間で回答が返ってくるか確認する。もしも、なかなか連絡がとれないようなら、ホーム・セキュリティに関して、選定リストから除外しても差しつかえないであろう。

(2) 電話での応対内容から判断する

当方の知りたいことについて、親切に、またわかりやすく答えてくれるところがよい。不得要領でよくわからなければ、他の業者にすべきであろう。特に、ホーム・セキュリティの何たるかがわかっていないような印象をもった場合には、なおさらである。

(3) サービス体制の確認

詳しい話を聞きたいのできてほしい、といってみるとよい。

今の時代は徹底したサービス合戦の時代である。呼ばれてすぐ動けないようなシステムをとっているところでは、ホーム・セキュリティなど、特別の場合を除いてとても扱えなくなることが目にみえているとも言える。

(4) 警察や協会に問い合わせる

まず、最寄りの警察署の生活安全課に問い合わせてみることから始めよう。さらに具体的に調べたかったら協会を訪ねてみるとよい。

各都道府県には、警備業の協会がある。それらの協会に、ホーム・セキュリティを扱っている会社を紹介してもらいたいといえばよい。依頼目的に対応できる業者をアドバイスしてくるはずである。万が一、希望どおりの返事がない場合には、公益社団法人日本防犯設備協会へも電話を入れてみるとよい。

(5) 警備保障会社に行ってみる

警備保障会社を訪ね、警備業者としての認定証が目立つところに掲示されているかどうかを自分の眼で確認し、具体的な説明を聞くことにするとよい。

自分自身で、ホーム・セキュリティがどのようなものであるかを納得できれば、警備保障会社を訪問した価値はあるといえる。

(6) ホーム・セキュリティ商品の展示

警備保障会社の中に、ホーム・セキュリティ関連商品が豊富にあるかどうかをみる。

商品がたくさん展示されており、来訪者が直接機能とその効果がわかるようになっているかどうかで、その会社の姿勢がわかる。また、ホーム・セキュリティの仕組みが、簡単に理解できるように工夫されていれば、さらによい。

(7) 気軽に立ち寄れるか

前を通ったときに、気軽に寄れる雰囲気ができているかどうかである。

警備保障会社というと、何となく堅い感じがすることは否めない。今までは個人や家庭が対象でなかっただけに、業者側にも顧客側にもとまどいがある。しかし、顧客側の立場からいえば、自分の気持ちに素直に、そして、ちょっと寄る気になるかどうかで判断するだけでよい。

(8) 自宅に近い

自宅から警備保障会社が近いということは、とても重要なことである。ホーム・セキュリティを導入し、異常事態の際にはガードマンが駆けつけるという契約をするとしたら、近ければ近いほどよい。即応体制がとれるかどうかの目安となる。

(9) 値段が手頃である

性能が良いものでは、高くては手が出ないと考えがちである。しかし、依頼する際は、そのタイミングや必要性を考え、費用や設置個所・設置数を検討し契約する必要がある。

機械警備料金は、自分にとって安全を確保するための料金として妥当であると、納得できる範囲で検討するとよい。

(10) 総合的対応ができるかどうか

ホーム・セキュリティを扱っているといっても、その内容はさまざまである。防犯ベルだけの単品販売しかしていない業者と、非常事態のときにはすぐガードマンがきてくれるシステムをとっている業者とがある。また、ホーム・セキュリティを、ホーム・コントロール・システムの一部として扱っている業者もある。

いずれにせよ、さまざまな要望にすぐ応じられる体制であるかどうかを判断すべきである。家庭をあずかる者の立場として、年々社会環境が悪化してきていることは、肌で感じておられることであろう。言い古された言葉ではあるが、事故が起きてからでは遅いのである。今のうちに、その予防対策を練っておく必要があると、一言付け加えておく。

第6章　警備業の基本

警備業の基本は教育である。警備は、教育に負うところが大きい。警備業は、教育に始まり教育に終わるといっても過言ではない。そして、警備業が、安全を守る上で強力なパワーを発揮しているのは事実なのである。いうならば、警備業は教育産業であるともいえる。

警備業の教育は、二つの面をもっている。

一つの面は、社会に対して、自らを守る方法を知らせることによって、各種災害の発生や犯罪の防止に役立っているという面である。

社会の構造は複雑多様化し、高度化し、また巨大化している。社会にゆがみが生じ、潜在的脅威は常に存在する。犯罪や災害そのものの性質も急激に変化している。このような中で、自らの安全を守るにはどのようにしたらよいのだろうか。防犯思想の普及や護身行為の教育等、警備業の教育産業としての側面が、ここにあるのである。

もう一つの面は、警備業に携わる人たち自らに対する教育である。

警備業法に、警備業者は警備業務に従事する者に対し、必ず教育を行わなければならない旨、定められている。しかし、警備業者は、教育を警備業法の範囲内のみの視点でとらえていると、基本を忘れてしまう危険性がある。

警備業者にとって、教育とは利潤を追求するための単なる手段にすぎないという者もいることはいる。しかし警備業における教育は、手段であると同時に目的でもあり、ビジネスとしての商品という性格をもっている。警備業を教育産業として認識するならば、そこから新たな発展が期待できるのである。

第1節　警備業法による教育

警備業者の教育義務について警備業法第21条に定められており、また、どのような教育をすべきかなど教育の詳細については、警備業法施行規則第38条に定められている。

警備員は職務上の特殊性により、通常必要とされる常識のうえに、警備業務遂行に関する専門的知識と技術を身につけておかなければならない。そのため警備員に対して、実際の警備業務に従事する前に、新任教育として、基本教育（図6－1）、業務別教育合計20時間以上の教育を行うことを義務づけられている。また、警備業務に従事中の警備員については、現任教育として、年度ごとに基本教育、業務別教育の計10時間以上が義務として課され、それらの教育計画は書面で警備業者の事業所に備え付けなければならないと定められている。

警備業法は、警備業者が警備員に対してきちんと教育を行うようにさせるため、警備員指導教

図 6-1　新任警備員に対する基本教育カリキュラム編成例

書式例　10　　新任警備員教育（基本教育）カリキュラム編成例

日	項目＼時	9　10　11		12　13	14　15	16	17	18
第1日	教育事項	オリエンテーション	資質の向上	昼食休憩	警備業法	礼式と基本動作の実技訓練	座談会	
	内容及び方法	新任教育の目的、進め方、その他注意事項を説明する。	業界及び我が社の現状と警備員の社会的使命、社是・社訓、期待される警備員のあり方、礼式と基本動作を講義方式によって行う。		新警備業法令集及びテキストにより警備業法の概要、特に警備員に必要な条項を重点的に説明し、理解させる。	午前中説明した礼式と基本動作についての実技訓練をビル屋上において実施する。端正な服装、姿勢、動作を錬成する。	自己紹介、入社所感など各人5分間スピーチを行う。	
	教育担当者	指導教育責任者	社長、指導教育責任者		指導教育責任者	総務部長、指導教育責任者	社長以下各幹部出席	
第2日	教育事項	業務実施の基本原則	憲法		刑法	刑訴法	護身用具の取扱い	
	内容及び方法	警備業務の特質と性格及び業務の適正実施について、業法第15条を中心に講義方式により行う。	基本的人権に関する憲法の規定を中心に自由権、社会権の概要と業務の適正化について講義方式により行う。		警備業務と犯罪、犯罪の成立要件、正当防衛と緊急避難、主要な犯罪について講義方式により行う。	現行犯及び準現行犯の意義と、逮捕及び引渡し手続について、警備業務との関連性を踏まえ講義方式により行う。	護身用具の意義及び取扱上の留意事項、護身術の基本術技等について講義方式及び実技訓練方式により行う。	
	教育担当者	指導教育責任者			警備部長		総務部長	
第3日	教育事項	その他必要法令	警察機関との連絡、応急措置		資質の向上	警備業法	効果測定	しめくくり
	内容及び方法	警備業務に必要な遺失物法、民事法の基礎知識について講義方式により行う。	犯罪発生、不審者の発見、火災その他の事故、負傷者発見等に際し、いかなる手段方法でいかに対処するかについて、講義及び実技訓練の方式により行う。		会社の組織、業務の現状、会社の諸規則、就業規則について講義方式により行う。	警備業法第2条の警備業務について自社の業務実施の実情と照応し、業務の適正実施に必要な基本的知識の理解を高めるため講義方式により説明する。	簡単なテストを行い、本教育の理解度を測定する。	3日間の全課程を総括し、一部の感想、所感を求めてしめくくりを行う。
	教育担当者	警備部長	指導教育責任者		総務部長	指導教育責任者		

（出所）一般社団法人全国警備業協会『警備員指導教育責任者講習教本Ⅰ基本編』（令和２年）

育責任者制度を定め、かつ、警備業者に対し、指導・監督を義務づけている。

さらに警備員に対しては、警備業務に関する知識及び技能に関して検定制度が設けられ、そのため自ら努力しなければならないようになっている。

監督官庁である都道府県警察は、必要と思われる際には随時、警察職員による警備業者の事業所への立入り検査を行って、教育が適正に行われているかどうかを確認することができる。もし警備業法に定められている通り教育がなされていなかったり、教育以外の事項で業法違反があったりした場合には、その警備業者は行政指導を受け、始末書の提出や行政処分を受けることとなる。

警備業者の教育は、普通は警備業者が

社内教育の一環として、警備員教育を行っている。ただし、自社における教育だけでなく、外部に委託して警備員教育を実施することも可能であり、具体的には、各地警備業協会や警備員教育を実施する民間の教育機関等が該当している。

また、前述の警備員指導教育責任者制度については、警備業法第22条で詳しく規定されている。警備業者は営業所（セールスマンのみの営業所は除く）ごとに、警備員指導教育責任者を置き、公安委員会に届け出なければならないことになっている。

警備員指導教育責任者の業務は、警備業法施行規則第40条に定められており、その内容は、「警備員に対する指導と教育に関する計画書を作成するとともに、実行・管理・記録すること、警備員教育の実施記録の記載について監督し、警備業者に対し必要な助言をすること」となっている。かなり盛りだくさんの内容となっているが、社会の期待に応えるにはそれだけ警備業者の警備員に対する教育が重要であるといえよう。

第2節　警備業は教育産業

一般の人が、暴漢に襲われた場合や女性が痴漢等に襲われた場合の身の守り方はどうしたらよいだろうか。また、自分の家に泥棒が侵入した場合には、どのように家族や財産を守ればよいのであろうか。そして、地震や風水害といった自然災害に対し、地域住民としての個人はどのように対処すべきなのか。

警備業の教育は、これらのさまざまな事態にいかに対応したらよいかについて、研究を重ねてゆかねばならない義務がある。

人々は、危険が生じた場合、その危険の範囲がどの程度かを見極める必要もあるが、それに対応したとっさの行動はなかなかとれず、とまどうことが多い。自らを守り、他を守るための方法について教育訓練がなされていれば、迷うことは比較的少なくなる。人はそのような事態を想定して、異状における判断力と実際的な行動力を鍛え訓練し、身につけておかねばならない。

警備業における教育とは、このような自らが自らを守らねばならないさまざまな事態を想定して、その対応策を研究し、人々にアドバイスやコンサルティング、さらには実地教育・訓練を行うものであると言える。

さらに、時代の流れは、現在の警備業務を大きく変化させつつある。警備業者が、契約先の安全を守る業務を代行している現実と、教育産業としての警備業の将来性を踏まえ、現在、社会全体に新しい需要が起きていることを承知しておく必要がある。それは、「セキュリティサービス」という大きな潮流である。

警備員が社会の変化に適応しなければ、警備業務を実施する上で支障が出てしまうことになる。苦情・トラブル防止のため、接遇スキルが必要となり、マナー教育やハラスメント教育、言葉遣い、電話対応などの教育も欠かせない。人命に関連する、救命講習、ＡＥＤ（自動体外式除細動器）の使用等も警備員に求められるスキルである。

また、デジタル化を警備業に取り入れることで、業務効率化やスピードアップが図られる。パソコンやスマートフォンを操作して、報告や業務連絡、カメラの操作等を行うことも当たり前になってきている。警備員が装備する無線機は、電波法によりアナログ無線が令和6年（2024年）12月1日で廃止され、デジタル無線へ移行する。近年ではIP無線機（電話回線により広域で使用可能）やGPS機能付き無線機（位置情報機能付き）などがあり、活用することで警備業務の幅は広がる。

警備員に求められるスキルは時代の変化に左右され、日々の指導と教育、訓練の反復が警備業務を支えている。

警備業における教育は、警備員教育という面でみられる社員教育としての側面と、教育そのものを付加価値としたビジネスとしてとらえている側面とがあることを認識しなければならない。警備業者自体が、教育を警備業法で定められたもののみで満足していては、自ら発展のチャンスをつぶしているといっても過言ではない。

教育は警備業を一段と高いレベルに押し上げる大きな原動力であり、かつ、生命線であるということができる。

第7章　警備業界の概況

警備業界は、全体として急速に成長し発展してきているが、昭和47年（1972年）の警備業法の成立、昭和57年（1982年）の同法改正、昭和61年（1986年）の警備員検定制度の実施と、相次ぐ法的規制のもとで遵法精神が定着し、平成14年（2002年）には、20年ぶりに業法の一部改正が行われた。また、平成8年（1996年）から平成14年（2002年）まで7年連続で刑法犯の認知件数が戦後最多件数を更新し続けるなど、治安情勢の深刻化や警備業に対する需要の拡大等の実情を踏まえ、平成16年（2004年）に大きく法改正がなされた。しかし、新たな状況や環境に対応できない企業は、まさに淘汰される段階に入ったとも言える。

令和3年（2021年）末現在、全国1万359業者、58万9938人の警備員は、それぞれの立場において変革を迫られている。

体質の改善こそ、生き残るための条件であるといえよう。

前にも触れたように、警備業界を全国的視野でとらえると、大手2業者グループと、大企業の子会社を中心としたグループ、さらに独立系の警備業者に加え全国展開をする企業や外資がそれぞれ相対峙しているという図式となる。最近、この図式に変化が生じた。それは、業態別に合従連衡が始まり、すべての警備業務を一社では実施しない状況が強まっていることと、外資による進出が始まっていることである。さらに、機械警備の画像伝送システムをはじめ、各種緊急通報サービスやタウンセキュリティ、コンビニエンスストアとの連携サービス等、多種多様な新しいサービスが開始されたことも大きな変化といえよう。

ここでいう大手2業者とは、「セコム株式会社」と、これに拮抗した勢力の「綜合警備保障株式会社」のことである。両者はいずれも、他の警備業者とは極端なまでに差がある。

第1節　歴史的背景

日本には、古くから警備業とも考えられる存在があった。

石井進著『日本の歴史12（中世武士団）』によれば、「一一世紀末から一二世紀初頭ごろ、藤原氏摂関家が京都に近い摂津・和泉・近江の三国の有力な名主たちを大番舎人として編成し、一ヵ月に一〇日ずつ上京して宿直・警衛や雑役の奉公を行わせた」とある。

今昔物語集にも「つわもの」の存在が出てくる。つわもの（兵）は、やはり武力が中心の人々であったようで、その仕え方が問題であるが、奉仕で夜も昼も国司の政庁や館の警衛を行っていたのが、「国の兵共」と呼ばれていた人々のことであるとされ、この兵は警備業の起源に関して検討に値する。

次に平安末期から鎌倉初頭には武士が存在した。この頃の武士の務めは、内裏を警固する「京都大番役」の役割であった。ただし、この武士による内裏の警固は、その武士の所属する国衙《こくが》（官人の庁舎）の意志であったものと推定されているため、警備業的色合いはかなり弱いとも言える。鎌倉時代の武士をみると、武士は将軍の配下にある御家人と、そうではない非御家人とに分かれていた。非御家人とは、身分は武士であり武力を用いることが生活の方法であるが、鎌倉幕府に奉公しているわけではないとされている。この非御家人も警備業の視点からみれば、請負という形態も含めて、検討に値する。ただし、これらの検討材料のポイントは、武士は武力による職能集団ではあるが、地域社会の支配層になっていたかどうかであろう。

その後の日本の歴史の中で、警備業の感覚に近いとみられるものは、徳川時代の町奴である。有名なものに「幡随院長兵衛」がいる。長兵衛は「口入・人足廻し・元締め・割元」という労働者供給事業とも、警備業ともとれる商売を行っている。幕府の労働力であり予備軍である小普請人足が、江戸城をはじめとする御殿・邸等の修理を課された際、その労働力を口入屋に依頼した。あとには、豪商などの依頼で邸の警護を行ったり、参勤交代の大名の供廻り警護役として雇われたりしている。この口入稼業が、日本の社会における中間搾取の源流の一つとなり、後代に至り職業安定法の誕生をみる遠因ともなっている。

戦後の日本において、専業の警備業者が誕生したのは前述したとおり昭和37年（１９６２年）のことである。昭和37年3月に、株式会社大日警、同年7月に日本警備保障株式会社（セコムの前身）が発足し、警備業界の歴史の1ページを開くことになった。

その後、次々に新しく警備業を始める者が登場し、また分裂したりして数が増えていくのだが、社会のニーズにも合致して成長していくのである。その間、大きな節目を幾度か迎えることとなる。すなわち、昭和39年（1964年）の東京オリンピック選手村における警備をはじめとして、日本の万国博覧会や沖縄国際海洋博覧会のように、不特定多数の人々の目に直接触れる警備を請け負い、成功させることによって、警備業は社会に認知され受容されることとなったのである。

さらに、人手による警備から、機械を使用する機械警備が登場するに及んで、警備業界は急速に拡大発展することになり、警備対象分野も広がり、社会に幅広く受け入れられ、市民生活に溶け込み定着することになった。

第2節　警備業界の現況

一　警備業者の規模

警備業には、中小零細規模とされる業者が多い。

合理化のメリットが享受できる機械警備業者は、令和3年（2021年）末現在で、1万359業者のうちわずかに571業者にすぎない（図7－1）。大半は、人手依存型の労務供給スタイルである。

（1）売上高

令和3年（2021年）末、一般社団法人全国警備業協会が警備業者を対象に調査を実施し、回答があった9098業者の売上高は3兆4537億6500万円であった。過去5年の売上高は「警備業者の売上高推移」（図7－2）の通りである。

（2）警備業者の数

昭和47年（1972年）11月現在の、警備業法施行時における業者数は775業者であったのが、令和3年末現在においては1万359業者にまで達し、警備業界の急成長ぶりを物語っている。

警備業者を警備員の雇用人数で分類してみると、500人未満は1万228業者で98・7％の割合である。「警備業者の警備員数別状況」の表を参考にしてほしい（表7－1）。

図 7-1　機械警備業者数の推移（各年末）

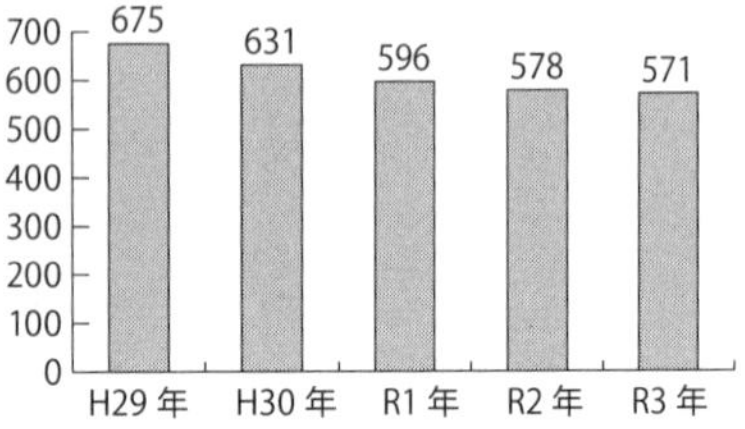

（出所）警察庁「令和 3 年における警備業の概況」

図 7-2　警備業者の売上高推移（各年中）

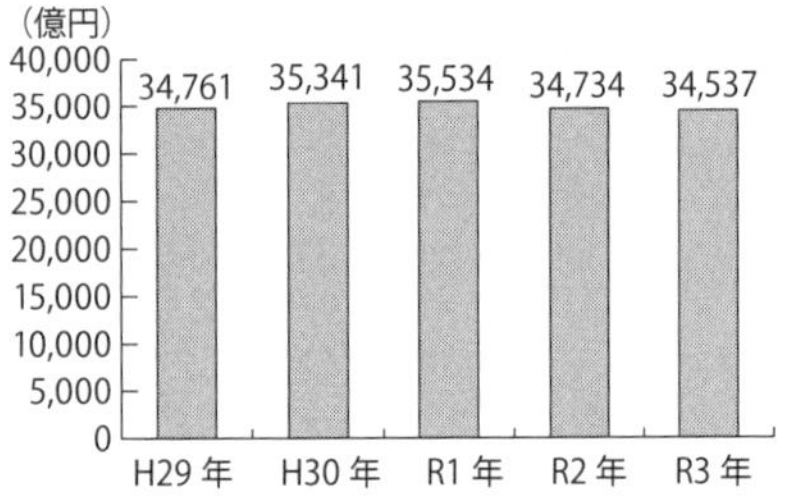

（出所）警察庁「令和 3 年における警備業の概況」

ちなみに、中小企業基本法によって中小企業と判定される警備業者はサービス業に属し、従業員数100人以下または資本金5000万円以下の業者である（表7－2）。これらの警備業者は政府系の金融機関である日本政策金融公庫の融資対象となっている。

(3) 警備員の数

昭和47年（1972年）11月現在の、警備業法施行時における警備員数は4万1146人であり、令和3年末現在においては58万9938人にまで達している（表7－3）。

このうち、警備員の内訳をみると、常用と臨時に大別されている。その内訳推移は、「警備員数の推移」表の通りになっている。ただ、問題は常用と臨時の区別をどうつけるかである。その基準は現在つくられていない。現実面は警備業者の判断に任せられて

表 7-1　警備業者の警備員数別状況

警備員数	警備業者数	構成比
1,000人以上	49	0.5%
500～999人	82	0.8%
100～499人	927	8.9%
50～99人	1,129	10.9%
30～49人	1,266	12.2%
20～29人	1,241	12.0%
10～19人	1,929	18.6%
6～9人	1,046	10.1%
5人以下	2,690	26.0%

（出所）警察庁「令和3年における警備業の概況」

表 7-2　中小企業の範囲及び用語の定義

業種	中小企業者（下記のいずれかを満たすこと）		小規模企業者
	資本金の額又は出資の総額	常時使用する従業員の数	常時使用する従業員の数
①製造業、建設業、運輸業、その他の業種（②～④を除く）	3億円以下	300人以下	20人以下
②卸売業	1億円以下	100人以下	5人以下
③サービス業	5,000万円以下	100人以下	5人以下
④小売業	5,000万円以下	50人以下	5人以下

（出所）中小企業庁 HP「FAQ・相談事例」（令和4年）

表 7-3　警備員数の推移

雇用別警備員数の年別推移（各年末）

区分＼年次	H29 年	H30 年	R1 年	R2 年	R3 年
総数（人）	552,405	554,517	570,727	588,364	589,938
指　数	100	100	103	107	107
常用警備員（人）	487,227	496,655	515,831	534,584	536,237
指　数	100	102	106	110	110
臨時警備員（人）	65,178	57,862	54,896	53,780	53,701
指　数	100	89	84	83	82
臨時／総数	11.8%	10.4%	9.6%	9.1%	9.1%

（出所）警察庁「令和 3 年における警備業の概況」

いるため、地域や業者によって解釈に差が生じている。この点は、統一した基準が必要であり、監督官庁の見解が待たれるところである。

二　機械警備業者の規模

令和3年（2021年）時点における機械警備業者は、大手2業者グループによる寡占的状況下にあり、コンピュータの利用等による合理化が進み、一段と他業者との格差がつく傾向にある。つまり、機械警備業者間にあっては、差別化が促進されているのである。

(1)　機械警備業者の数

機械警備業者の数は、本章で前述した通り571業者であるが、通常、その警備業務対象施設（機械警備システムにより警備を行っている顧客先のこと）数により、その規模を判断することが多い。

(2)　警備業務対象施設

同時に、令和3年（2021年）における対象施設は、2

章で前述した通り全国で３２６万２０１１施設となっている。この対象施設を全国５７１の機械警備業者が分けあっている。

機械警備業の業務区分は、警備業法の範疇でみた場合は施設警備となり、事務所・住宅・工場・ビル等の施設で非常用自動通報装置を設置した施設が、機械警備業務対象施設と判断されるのである。

(3) 即応体制

警備業法は、機械警備業者に対し、異状事態発生の信号を受信した場合、受信後25分以内に信号発生現場へ到着しなければならない旨定めている。

いわゆる即応体制の整備である。即応体制を整備するには、警備対象地域を特定し、必要な人員と必要な専用車両ならびに必要な待機所を確保することが必須条件となる。

他には、１１０番通報の仕方や、基地局における管制指令員の判断・指示業務も、即応体制の整備には欠かすことのできない重要業務となる。

第3節　護身用具

護身用具は、警備員が携帯してもよいと法的に認められたものである。ただし、護身用具と名がつけば何を携帯してもよいということにはならない。警備員が使用する護身用具として認められているものは、次の通りとなる。

考え方としては、用具自体の機能が人の身を守るためだけのものと、相手に対して積極的能動的に出て防護し、さらには、相手を強制的に制圧して危害の防止をはかるもの、この二つに分かれている。

護身用具について、「警備業法第17条第1項の規程に基づく護身用具の携帯の禁止及び制限に関する都道府県公安委員会規則の基準」を定めている。

警備業者及び警備員が警備業務を行うに当たり携帯してはならない護身用具は、次に掲げる護身用具（鋭利な部位がないものに限る。）以外のものとする。

(1) 警戒棒（形状が円棒で長さが30㎝を超え90㎝以下のものであり、かつ、重量が警戒棒の制限表の左欄に掲げる長さの区分に応じ、それぞれ同表の右欄に掲げる範囲のものに限る。）（表7－4）

(2) 警戒じょう（形状が円棒で長さが90㎝

表 7-4　警戒棒の制限

長　さ	重　量
30cmを超え40cm以下	160g以下
40cmを超え50cm以下	220g以下
50cmを超え60cm以下	280g以下
60cmを超え70cm以下	340g以下
70cmを超え80cm以下	400g以下
80cmを超え90cm以下	460g以下

（出所）一般社団法人全国警備業協会『警備業法の解説 12 訂 2 版』より作成

表 7-5　警戒じょうの制限

長　さ	重　量
90cmを超え100cm以下	510g以下
100cmを超え110cm以下	570g以下
110cmを超え120cm以下	630g以下
120cmを超え130cm以下	690g以下

（出所）一般社団法人全国警備業協会『警備業法の解説 12 訂 2 版』より作成

を超え130cm以下のものであり、かつ、重量が警戒じょうの制限表の左欄に掲げる長さの区分に応じ、それぞれ同表の右欄に掲げる範囲のものに限る。）（表7－5）

(3)　刺股《さすまた》

(4)　非金属製の楯《たて》

(5)　(1)から(4)までに掲げるもののほか、携帯することにより人に著しく不安を覚えさせるおそれがなく、かつ、人の身体に重大な害を加えるおそれがないもの。

規定による警戒棒及び警戒じょうについては、警備業者及び警備員が、部隊を編成するなど集団の力を用いて警備業務を行う場合においては、これを携帯してはならない。ただし競輪場等の公営競技場において警備業務を行う場合は、この限りでない。

また、警戒じょうについては、次に掲げる警備業務を行う場合のみ携帯が許されている。

「機械警備業務（指令業務は除く）」

空港、原子力発電所、その他の原子力関係施設、大使館、領事館、その他の外交関係施設、国会関係施設、政府関係施設、石油備蓄基地、火力発電所等電力関係施設、鉄道、航空関係施設等テロ行為が行われた時に著しい支障が生じる可能性のあるところ、火薬、毒薬、劇物を取り扱うような施設で、同様にテロ行為が行われた時に著しい支障が生じる可能性のあるところで行われる。

「施設警備業務」

「核燃料物質等危険物運搬警備業務と貴重品運搬警備業務」

警備業者は、常に護身用具の数量を把握し、在庫を確認のうえ、護身用具一覧として営業所にその一覧表を備え付けなければならない旨、定められている。以前、護身用具を攻撃的な武器として用いる事案のあったことが、このような規定を定める遠因になっていると考えられる。護身用具は、警備業法第17条で規定されている。

第4節　警備業法における資格者制度

警備業法でいうところの資格者とは、警備員指導教育責任者資格者証の保有者と、機械警備業務管理者資格者証の保有者、さらに1級及び2級の検定資格を有する者をいう。

警備員指導教育責任者については、第6章第1節でも触れたが、警備業者が警備員に対して、義務づけられている教育をきちんと行わせるために定められたものであり、さまざまな職務が義務づけられている。営業所ごと及び当該営業所において取り扱う警備業務の区分ごとに責任者を置かなければならない。


機械警備業務管理者は、警備業法第42条で規定されている。

公安委員会が国家公安委員会規則で定めるところにより機械警備業務の管理に関する業務

について行う機械警備業務管理者講習を受け、その課程を修了した者をいう。

機械警備業者は、基地局ごとに、警備業務用機械装置の運用を監督し、警備員に対する指令業務を統制し、その他機械警備業務を管理する業務で内閣府令で定めるものを行う機械警備業務管理者を、機械警備業務管理者資格者証の交付を受けている者のうちから、選任しなければならない。とされている。

両者の業務について、その定めのある内閣府令から、必要事項を抜き出すこととし、検定合格者にも若干触れておくこととする。

一　警備員指導教育責任者の業務

⑴　警備員に対する指導に関する計画を作成し、その計画に基づき警備員を実地に指導し、及びその記録を作成すること（警備業法施行規則第40条第１項第１号）。

⑵　法に基づいた教育計画書を作成し、及びそれに基づく警備員教育の実施を管理すること（警備業法施行規則第40条第１項第２号）。

⑶　法に基づく書類その他警備員教育の実施に関する記録の記載について監督すること（警備業法施行規則第40条第１項第３号）。

⑷　警備員の指導及び教育について、警備業者に必要な助言をすること（警備業法施行規則第

40条第1項第4号)。

以上であるが、簡単にいえば次の通りとなる。

警備員指導教育責任者とは、警備員の指導・監督それぞれについて計画を立て、実施し、その記録をとり、かつ、その記載に誤りがない旨を確認し、警備業者に教育に関する助言を行うというものである。

二　機械警備業務管理者の業務

(1)　警備業務用機械装置による警備業務対象施設の警戒、警備業務用機械装置の維持管理、その他の警備業務用機械装置の運用を円滑に行うための計画を作成し、その計画に基づき警備業務用機械装置の運用を行うように警備員その他の者を監督すること。

(2)　指令業務に関する基準を作成し、その基準により指令業務を統制するため指令業務に従事する警備員を指導すること。

(3)　警備員に対し、警察機関への連絡について指導を行うこと。

(4)　警備業法第44条（基地局ごとに定められた書類を備え付けることを義務づけたもの）で、(一)待機所ごとに配置する警備員の氏名、(二)警備業務対象施設の名称及び所在地、(三)内閣府令で定める事項（警備業法施行規則第64条第1項）に規定する書類の記載について監督すること。

⑸　機械警備業務の管理について機械警備業者に必要な助言をすること。

以上であるが、簡単にいえば次の通りとなる。

機械警備業務管理者とは、受信装置の運用を円滑に行うための計画を作成し、その計画に基づき警備員その他の者を監督すること、指令業務基準の作成ならびに指令業務警備員の指導を行い、基地局に備え付けられた書類の記載について監督すること、また警備員に対しては警察機関への連絡について指導を行い、かつ、管理について必要な助言を機械警備業者に行うというものである。

なお、前述の警備業法施行規則第64条第1項（書類の備え付け）に関しても、述べておかねばならない。

①基地局及び待機所の位置並びに待機所ごとの警備業務対象施設の所在する地域（地図上に記載するものとする。）

②待機所ごとに、市町村の区域（指定都市にあつては、区又は総合区の区域）ごとの警備業務対象施設の数（別記様式第二十一号により記載するものとする。）

③警備業務対象施設ごとに、待機所から警備業務対象施設までの路程及び基地局において盗難等の事故の発生に関する情報を受信した場合にその受信の時から警備員が現場に到着する時までに通常要する時間

④待機所ごとに、配置する車両その他の装備の種類ごとの数量

⑤盗難等の事故の発生に関する情報を受信した日時、その情報に係る警備業務対象施設の名称

及び所在地並びにその情報に応じて講じた措置及びその結果（その情報に応じて警備員を現場に向かわせた場合にあつては、当該受信の時から警備員が現場に到着する時までに要した時間を含む。）

三　検定合格者

警備業法第23条に、公安委員会は警備員に対してその知識及び能力に関する検定を行うことができる、と規定されている。この規定に基づき関係法令が、昭和61年（１９８６年）７月１日に公布・施行された。

警備員は自らの従事する警備業務に関し、「優秀警備員」であることを公的に認められる機会が与えられた、と考えるべきである。

検定内容は１級と２級に分かれ、合格者は「合格標章」（「資格ある警備員」を意味するＱＧバッジ）を身につけることができるとされている。

第５節　外国における警備業の実態

令和３年（２０２１年）に日本で開催された東京２０２０オリンピックでは、第１章で前述した通り、準備もふくめ延べ50万人以上の警備員が大会警備に従事した。平成24年（２０１２年）

図7-3　調査対象各国・州における警備業法制定年

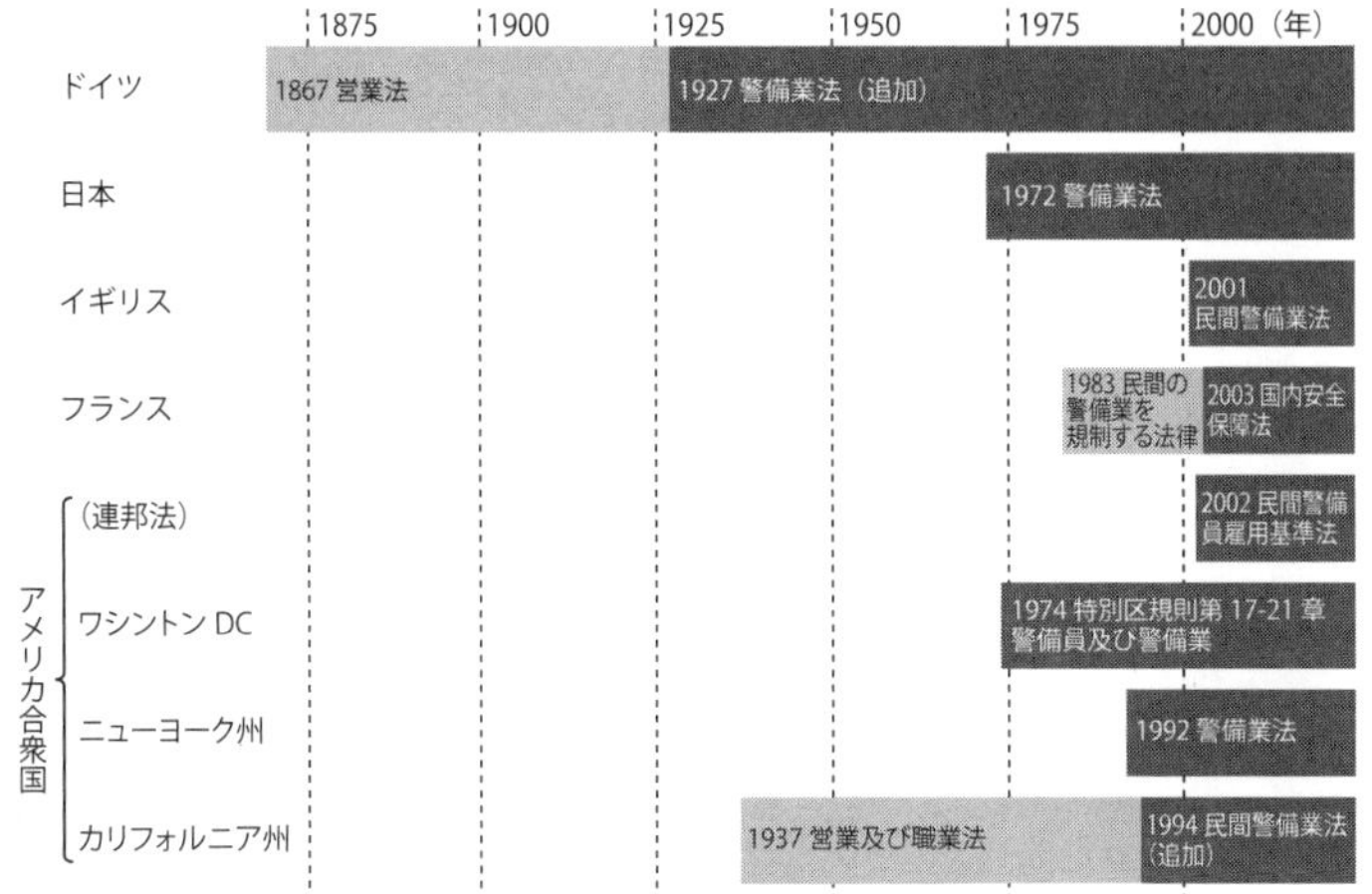

（出所）公益財団法人日工組社会安全研究財団「外国の警備業に関する調査研究報告書」（平成29年）

ロンドンオリンピック・パラリンピック競技大会の開催地であったイギリスや、平成18年（2006年）FIFAワールドカップを開催した経験があって我が国の法制と親和性が高いドイツ等の外国警備業に係る調査結果（公益財団法人日工組社会安全研究財団「外国の警備業に関する調査研究報告書」）がある。以下調査報告書をもとに、各国の状況を紹介する。

一　法律制定と改廃状況

本章でも述べたように、日本では昭和47年（1972年）に警備業法が制定されたが、他国での法制定状況は図7－3の通りである。調査報告書によると「アメリカでは日本よりも早く1850年代に警備業が誕生しているが、法整備はワシントンDCが1974年と日本と同時期であるほか、ニューヨーク州、カリフォルニア州とも1990年代に入って法整備がなされた。対照的に法整備が早かったのはドイツである。ドイツの警備業は、19世紀末にアメリカの警備業の実情を視察し、その知見に基づきザロモンとヤーコブという商人が1901年に『ハノーバー警備・施錠インスティテュート』を設立したのが最初とされている」とある。

二 警備員の護身用具

日本では、警備業法において護身用具という言葉が定着し、警備業務によっては携帯の禁止または制限が課されている。しかし、各国の治安や警備業の歴史は様々であり、警備員は武器や銃火器の所持等が可能といった表現が規定に含まれている。国によって警備実態が異なることがわかる（表7-6）。調査報告書では、「EU加盟国19カ国を含む欧州22カ国の民間警備業関連協会で組織された欧州警備業連盟がまとめた白書によると、欧州諸国のうちで警備員の武器の所持等が全く認められていないのは、デンマーク、アイルランド、オランダ、イギリス

表7-6　警備員の武器の所持等に関する規定概要

国（州）		警備員の武器の所持等に関する規定
イギリス		警棒、護身用スプレーを含む一切の武器所持を禁止。
ドイツ		武器法の規定により、業務履行中に限り銃火器の所持等が可能。
フランス		現金輸送の警備を行う場合のみ銃火器の所持等が可能。
アメリカ	ニューヨーク州	「特別武装警備登録証」を有する警備員に限り銃火器の所持等が可能。
	カリフォルニア州	「銃火器資格証」を有する警備員に限り銃火器の所持等が可能。
	ワシントンDC	木製の警棒のみ所持等が可能（銃火器の所持等は不可。）。
（参考）日本		都道府県公安委員会規則により一定の基準を定め、護身用具の所持等を禁止・制限（東京都の場合は警戒棒、警戒杖《じょう》、刺股《さすまた》、非金属製の盾等。）。

（注）「銃火器」とは拳銃、ライフル等をそれぞれ指す
（出所）公益財団法人日工組社会安全研究財団「外国の警備業に関する調査研究報告書」（平成29年）

のみとなっている。

　イギリスでは民家侵入者に対して危害を与えると住民が有罪になるくらい、正当防衛が成立しにくいと言われており、武器の所持等はいっさい認められていない。しかし、警備員も危険にさらされることがあるため、SECOM PLC社では、警備員に長めのマグライトをもたせた上、護身用として防弾チョッキやヘルメットを着用させており、緊急時にはマグライトを武器として使用するよう指導している。警備員の武器の所持等が認められていないことに関し、欧州警備業連盟は、欧州における現金輸送車に対する襲撃事件の75%がイギリスで発生している」とある。

　また、海上においては状況がさらに異なるようで、日本も一部武器の所持に関する法律が定められている。「海賊多発海域における日本船

図 7-4　民間武装警備員の乗船が可能となった海域

海賊多発海域（法第2条第2号・令第1条）

線及び陸岸により囲まれた海域のうち、**公海**である海域

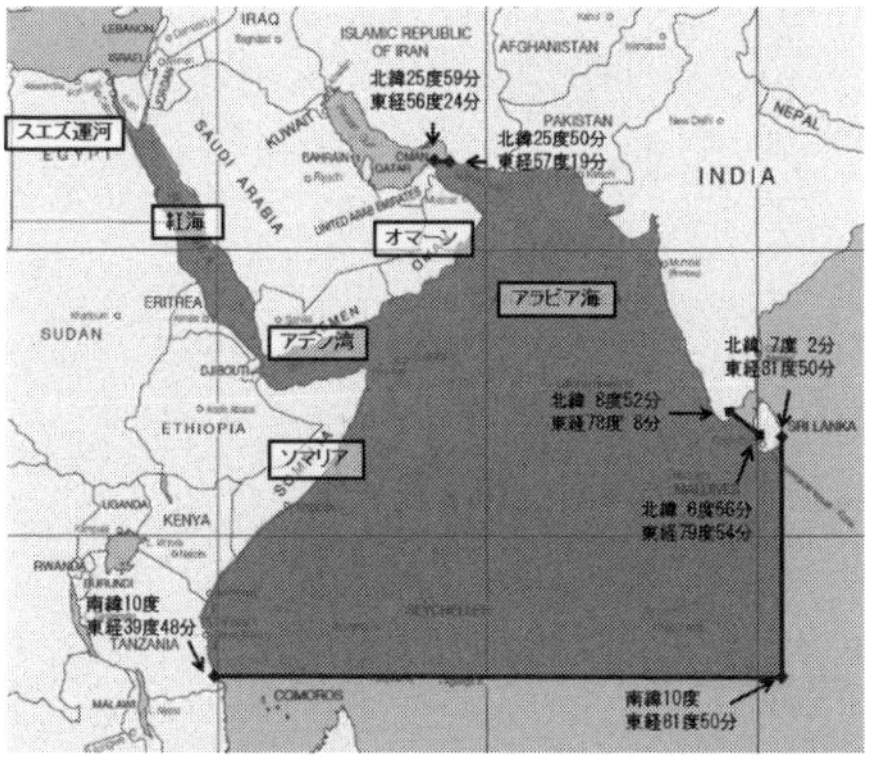

（出所）国土交通省 HP「海賊多発海域における日本船舶の警備に関する特別措置法の概要」（令和4年）

舶の警備に関する特別措置法（平成25年11月30日施行）」である。国民生活に不可欠な物資を輸送する「日本船舶」の安全を確保するため、小銃を所持した民間武装警備員による警備の実施を、国土交通省の認定により可能としている（図7－4）。日本の警備業者は小銃を所持できないので、外国の警備業者が対象となる。

第6節　雇用状況

警備業における人手不足は深刻であり、平成28年（2016年）度の警備員の有効求人倍率（「職業安定業務統計」厚生労働省）は6・63倍と全職業の1・1倍と比べて、その厳しさがうかがわれる。

加えて、警備業においては、警備員の賃金の低さや社会保険未加入の問題が顕在化するなど、人手不足の改善を図る上でさまざまな課題を抱えている。一般社団法人全国警備業協会が、平成29年（2017年）6月2日の基本問題諮問委員会調査部会（最終報告書）で、健康保険加入率について調査結果を出した。交通誘導警備業務等を扱う従業員数60名以上の210業者を抽出して調査を行い、134業者（返答率63・8％）の回答によると、健康保険の加入率は35・4％であった。

戦後一貫して増加を続けた我が国の生産年齢人口は、平成7年（1995年）の8726万人をピークに減少局面に入り、平成27年（2015年）の国勢調査では7728万人となり、令和11年（2029年）の出生中位推計では7000万人となることが予想されている（「日本の将

来推計人口」国立社会保障・人口問題研究所）。

このように、我が国においては、長期的にみても、少子高齢化・人口減少が進み、人手不足は継続することが見込まれていることから、労働集約型産業である警備業においては、就業を促進するとともに、生産性を向上させていく取り組みが求められるところである。

一　国内の実態

平成15年（２００３年）当時、日本全国を吹き荒れるリストラの嵐により、人手不足はかなり大幅に緩和されたが、人手が充足されたとは言い難い状況であった。「平成27年における警備業の概況」から、警備員の年齢別状況が表記されるようになった（表7－7）。ここ数年で顕著に変化が表れている年齢層は70歳以上である。約2倍強の警備員数になった。現在でも一部の警備業者を除き、社会的に敬遠されがちな中高年齢層に、雇用は偏らざるを得ないのが現実である（表7－8）。

警備業者にとって、雇用の確保は重大問題であるが、それとともに雇用の継続が困難な状況にある。せっかく入社しても、すぐ退社してしまう警備員に頭を痛めている警備業者は少なくない（表7－9）。平成27

表 7-7　警備員の年齢別状況（平成 27 年末）

	30歳未満	30～39歳	40～49歳	50～59歳	60～64歳	65～69歳	70歳以上
警備員総数（人）	57,947	67,524	86,210	107,436	88,639	85,153	45,438
男性警備員（人）	49,230	62,710	80,471	101,757	85,686	82,972	44,508
女性警備員（人）	8,717	4,814	5,739	5,679	2,953	2,181	930
女性警備員の割合（%）	15.0	7.1	6.7	5.3	3.3	2.6	2.0

（出所）警察庁「平成 27 年における警備業の概況」

表 7-8　警備員の年齢別状況（令和３年末）

	30歳 未満	30〜39 歳	40〜49 歳	50〜59 歳	60〜64 歳	65〜69 歳	70歳 以上
警備員数（人） 構成比（%）	61,918 10.5%	58,719 10.0%	89,448 15.2%	113,631 19.3%	77,010 13.1%	83,392 14.1%	105,820 17.9%
男性警備員（人）	50,496	53,487	82,473	105,759	73,641	80,849	103,421
女性警備員（人）	11,422	5,232	6,975	7,872	3,369	2,543	2,399
女性警備員の割合（%）	18.4%	8.9%	7.8%	6.9%	4.4%	3.0%	2.3%

（出所）警察庁「令和3年における警備業の概況」

表 7-9　警備員の在職年数状況（令和３年末）

	1年未満	1〜3年未満	3〜10 年未満	10 年以上
警備員数（人） 構成比（%）	96,914 16.4%	126,850 21.5%	199,157 33.8%	167,017 28.3%
男性警備員（人）	86,931	115,406	187,808	159,981
女性警備員（人）	9,983	11,444	11,349	7,036
女性警備員の割合（%）	10.3%	9.0%	5.7%	4.2%

（出所）警察庁「令和3年における警備業の概況」

年末の警備員の在職年数10年以上は11万8539人であり、令和3年末と比較してみると定着人数はここ数年で若干の改善がみられる。しかし夜間の勤務や、日曜・祝祭日の勤務、さらには急に飛び込んでくるスポットの警備業務への対応等々で、退社してゆく警備員はあとを絶たない。

その上、警備料金の見直しがなかなか進まず、警備員の賃金を直撃している。また、後述するが、令和2年（2020年）以降は、新型コロナウイルス感染症に伴う経済の不況もあり、警備料金の値上げに応じられない取引先が契約の解除を申し出るなど、雇用の確保には悪条件となっている。

二　外国人の警備員登用

令和2年（2020年）に一般社団法人全国警備業協会が加盟の警備業者に対し外国人雇用に

図 7-5　外国人雇用に関するアンケート結果

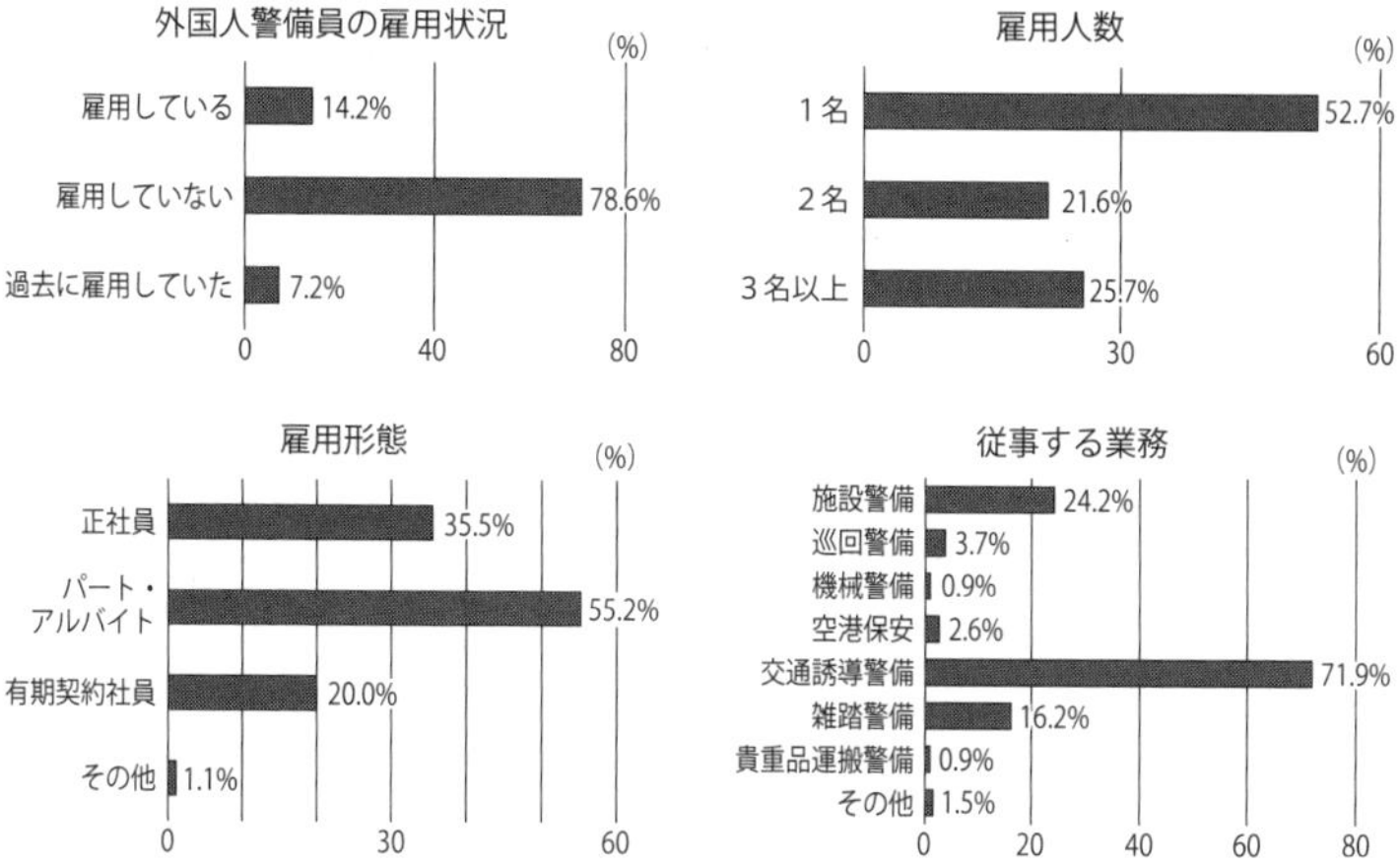

（出所）一般社団法人全国警備業協会によるアンケート調査（令和２年）

関するアンケート調査を実施したところ、回収できた調査票３０７２社のうち、実際に外国人警備員を雇用している警備業者が14・２％、過去に雇用していた警備業者が７・２％であった（図７－５）。内訳をみると、雇用人数１名が52・７％、２名が21・６％、３名以上が25・７％であり、うち35・５％が正社員、55・２％がパート・アルバイトという結果であった。また、外国人警備員が従事している警備業務内容の内訳は、施設警備24・２％、巡回警備３・７％、機械警備０・９％、空港保安２・６％、交通誘導警備71・９％、雑踏警備16・２％、貴重品運搬警備０・９％、その他１・５％となっている。

一方、外国人警備員を雇用していない警備業者に対し、雇用していない理由を調査したところ、その理由の多くは、①言葉や文化、宗教の違いによる不安（52・２％）、②教育指導が難し

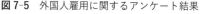

く手間を感じる（49・3％）、③社内の受け入れ体制が未整備（47・9％）などの意見であった。

第7節　働き方改革と警備業

平成31年（2019年）4月1日から順次施行されてきた「働き方改革」は、警備業にとっても、労働時間や対価、安全衛生の観点で大きな影響を与えている。

一　健康管理と福利厚生

警備員の勤務体系は職務上24時間365日が勤務対象となる場合が多い。そのため、特定の曜日や勤務時間を選ぶことや、またその逆となる休暇を自由に取得することが困難な特性をもっている。

1日の労働時間は労働基準法により8時間、また週40時間を超えて働かせてはならず、休日も毎週1日の休日（法定休日）、かつ4週間の内4日以上の休日の付与が義務とされてきた。しかし、2019年以降順次施行されてきた「働き方改革」関連法案により次の事項が新たに義務化された。

⑴　36協定の時間外労働の上限規制がこれまで明確ではなかったが、年間720時間、1カ月以上にまたがる場合は月平均80時間、単月では100時間未満とする限度が設定され

⑵　年次有給休暇10日以上保有している者に対し、年間5日間を取得させることの義務化。この制定により長時間労働を行ってきた一部の警備業者の体質が改められることになった。

一方、福利厚生は「健康保険法」と「労働者災害補償保険法」の2法が代表格だが、こちらも加入条件の整備により未加入者の撲滅が図られるようになった。

通常、生活を営む上で発生した病気や怪我、または死亡等に関しての補償は「健康保険法」、業務上に発生した事由による補償は「労働者災害補償保険法」が適用される。この二つの保険に加入していれば、警備員は必然的にどちらか一方の給付が受けられる制度となっている。なお、加入条件を満たしていれば加入義務が事業主側にあることに注意したい。

二　勤務の在り方と労働対価

警備員の勤務環境は、部門によっては天候に左右され不規則になる傾向がある。またアルバイトや短時間労働者の比率も高い。このため令和3年（2021年）度の賃金構造基本統計調査145職種に分類されている警備員の男女合計の月間給与額は25万4000円程と低い水準となっている。こうした中で働き方改革として令和2年（2020年）4月から正社員と非正規社員との待遇差が基本禁止され、待遇差がある場合はその理由説明が義務化された。さらに令和5年（2023年）4月からは大企業が対象となっていた月60時間を超える時間外労働割増率50％が中小企業にも適用されるようになり、同一労働同一賃金の考えとともに経営的に厳しい状況となっている。

三　安全衛生と警備業

警備業務における安全衛生という項目は、警備員自身の「体調管理に関する事項」と、「警備現場で発生する危険事項」に大別される。

また、安全衛生対策を難しくする要因がある。それは、契約の数だけ警備現場が存在することである。このため、それぞれ契約先ごとに異なる施設のルールや注意点を、警備業者が理解した上で警備員に指導と監督を行う必要がある。

警備員自身の体調管理については、酷暑や寒さなど厳しい天候の中で業務に従事することがあるため、熱中症や寒冷による血圧の上昇などには十分注意し、定期健康診断結果による産業医の指導や、衛生委員会からの提案などを実施することが重要となる。

また、交通誘導や雑踏警備における警備現場で発生する危険事項については、車両運転手の不注意が原因で重大事故が発生し、警備員が巻き込まれることも予想されるため、事前に危険予知訓練等を行うことが必要となる。

第8節　一般社団法人全国警備業協会

警備業界を代表する全国組織として、一般社団法人全国警備業協会（以下全警協という）がある。全警協への警備業者の加入状況は「全国警備業協会名簿」の通りである（表7－10）。

表 7-10　一般社団法人全国警備業協会名簿　加盟員数

都道府県	加盟員数	名称	郵便番号	所在地	電話番号
北海道	343社	(一社)北海道警備業協会	064-0804	札幌市中央区南4条西6丁目8 晴ばれビル7F	011-242-8800
青森県	77社	(一社)青森県警備業協会	030-0802	青森市本町2-9-17青森県中小企業会館2F	017-775-2230
岩手県	63社	(一社)岩手県警備業協会	020-0066	盛岡市上田3-11-21	019-622-5275
宮城県	148社	(一社)宮城県警備業協会	981-3105	仙台市泉区天神澤1-4-11	022-371-0310
秋田県	46社	(一社)秋田県警備業協会	010-0951	秋田市山王5-7-30山王MNビル1F	018-824-5507
山形県	47社	(一社)山形県警備業協会	990-0810	山形市馬見ヶ崎3-18-6	023-674-0848
福島県	115社	(一社)福島県警備業協会	960-0102	福島市鎌田字卸町24-4	024-572-7370
茨城県	124社	(一社)茨城県警備業協会	310-0031	水戸市大工町1-2-3トモスみとビル1F	029-303-1170
栃木県	77社	(一社)栃木県警備業協会	320-0032	宇都宮市昭和3-2-8しもつけ会館1階	028-666-5100
群馬県	68社	(一社)群馬県警備業協会	371-0836	前橋市江田町80-6	027-252-1919
埼玉県	283社	(一社)埼玉県警備業協会	350-0016	川越市大字木野目1267-1	049-230-1128
千葉県	267社	(一社)千葉県警備業協会	260-0027	千葉市中央区新田町4-25 パル・サンライト2階	043-246-3205
東京都	925社	(一社)東京都警備業協会	110-0015	台東区東上野1-1-12 栗橋ビル2階	03-5818-6070
神奈川県	355社	(一社)神奈川県警備業協会	231-0026	横浜市中区寿町2-5-1川本工業ビル5階	045-225-8825
新潟県	118社	(一社)新潟県警備業協会	950-0965	新潟市中央区新光町10-2 技術士センタービル6F	025-281-8125
富山県	48社	(一社)富山県警備業協会	939-8087	富山市大泉町1-1-10 ヤクルトビル3F	076-422-5531
石川県	63社	(一社)石川県警備業協会	920-8203	金沢市鞍月2-2 石川県繊維会館2F	076-281-6670
福井県	58社	(一社)福井県警備業協会	918-8239	福井市成和1-1424 ㈱アイビックス第三ビル2F	0776-21-6914
山梨県	37社	(一社)山梨県警備業協会	400-0034	甲府市宝1-21-20 農業共済会館3F	055-228-2559
長野県	102社	(一社)長野県警備業協会	380-0935	長野市中御所1-5-1 土田ビル3F	026-226-1211
岐阜県	126社	(一社)岐阜県警備業協会	500-8269	岐阜市茜部中島3-20	058-276-0778
静岡県	174社	(一社)静岡県警備業協会	420-0032	静岡市葵区両替町1-4-15 芙蓉ビル4F	054-253-3661
愛知県	506社	(一社)愛知県警備業協会	460-0008	名古屋市中区栄3-8-21伊勢町平和ビル4F	052-261-4737
三重県	89社	(一社)三重県警備業協会	514-0004	津市栄町2-18-2きりん第7ビル201	059-223-1094
滋賀県	90社	(一社)滋賀県警備業協会	520-0806	大津市打出浜13-15 4階406号室	077-523-5447
京都府	173社	(一社)京都府警備業協会	600-8009	京都市下京区四条通室町東入函谷鉾町78 京都経済センター4階	075-754-8870
大阪府	528社	(一社)大阪府警備業協会	537-0025	大阪市東成区中道1-10-26 サクラ森ノ宮ビル3F	06-6973-7612
兵庫県	334社	(一社)兵庫県警備業協会	651-0087	神戸市中央区御幸通6-1-12三宮ビル東館8F	078-252-0166
奈良県	53社	(一社)奈良県警備業協会	630-8113	奈良市法蓮町421-4 井田マンション103号室	0742-35-0285
和歌山県	52社	(一社)和歌山県警備業協会	640-8227	和歌山市西汀丁36 和歌山商工会議所2F	073-432-3694
鳥取県	38社	(一社)鳥取県警備業協会	680-0911	鳥取市千代水2-8 鳥取県交通総合センター2階	0857-30-4399
島根県	43社	(一社)島根県警備業協会	690-0888	松江市北堀町15島根県北堀町団体ビル3F	0852-31-6110
岡山県	98社	(一社)岡山県警備業協会	700-0824	岡山市北区内山下2-11-18 岡山共済会館3F	086-231-6240
広島県	165社	(一社)広島県警備業協会	730-0052	広島市中区千田町1-5-2	082-245-2372
山口県	61社	(一社)山口県警備業協会	753-0043	山口市宮島町5-13 セントラル広告ビル5F	083-925-0336
徳島県	47社	(一社)徳島県警備業協会	770-0942	徳島市昭和町2-5 松本ビル2F	088-655-5022
香川県	53社	(一社)香川県警備業協会	760-0017	高松市番町4-15-5 新英ビル2F	087-862-9031
愛媛県	81社	(一社)愛媛県警備業協会	790-0001	松山市一番町2-6-15 伊予鉄会館別館ビル2階	089-931-4334
高知県	41社	(一社)高知県警備業協会	780-0870	高知市本町2-3-31 LSビル3F	088-824-3404
福岡県	290社	(一社)福岡県警備業協会	812-0013	福岡市博多区博多駅東2-4-31第五岡部ビル4F	092-471-0300
佐賀県	49社	(一社)佐賀県警備業協会	849-0922	佐賀市高木瀬東二丁目13-3	0952-38-2016
長崎県	97社	(一社)長崎県警備業協会	850-0852	長崎市万屋町2-21-211	095-825-2988
熊本県	73社	(一社)熊本県警備業協会	862-0954	熊本市中央区神水 1丁目8-8 フォレストビル402	096-381-2016
大分県	65社	(一社)大分県警備業協会	870-0906	大分市大州浜1丁目9番18号	097-555-9970
宮崎県	41社	(一社)宮崎県警備業協会	880-0803	宮崎市旭1丁目6番15号	0985-28-0518
鹿児島県	79社	(一社)鹿児島県警備業協会	892-0846	鹿児島市加治屋町8番11号 上拾石ビル2F	099-224-4490
沖縄県	83件	(一社)沖縄県警備業協会	900-0027	那覇市山下町18-26 山下市街地住宅 A-303	098-963-5320

（出所）全国警備業協会名簿より作成（令和３年９月１日現在）

警備業は社会的に認知されているものとはいえ、通常いわれる社会的地位はまだまだ低い段階にあると言わざるを得ない。全警協は、さらに加盟会社を増加させ組織力を高めることにより、警備業各社の問題に対し有効適切な方法をとって業界の自浄力を向上させるとともに、さらにその発展に努力を傾注しているところである。その結果として、警備業界の社会的地位が向上し、近い将来は警備業務に関する多数の専門研究機関や仙台大学のように大学における専修課程設置等がされることなどを含めて、業界全体が発展してゆくことを期待したい。

全警協は昭和47年（1972年）5月25日に、全国警備業協会連合会として発足し、昭和55年（1980年）4月1日に社団法人化している。その間、警備業法が施行されるに伴い、警備業法の解説書や警備員テキストの発行、また会報の発行等を行い、教育センター業界団体として資質の向上に取り組んでいる。

さらに、昭和57年（1982年）には警備業法が改正され昭和61年（1986年）に検定制度、平成14年（2002年）には警備業法の一部改正が行われており、全警協はその対応に新たな事業活動を推進させて対処し、現在に至っている。

第8章　警備業の契約

警備業においては、契約を締結することが、業務開始に当たっての最重要課題である。

前述、警備保障の説明と重複するが、万一事故が発生した場合を想定すれば、依頼主側は損害賠償を含む責任はすべて警備業者側に要求できると考える。警備業者側はそれに反し、事故が発生した場合、契約で定めた通りに業務を履行しているかどうかを確認することが、優先課題となっている。

完全に両者の契約に対するものの考え方は対立し、契約書の文言に関係なく自分に都合のよい解釈をすることとなる。

双方とも日本的慣行にしたがって、契約の法的解釈までには話が至らず、問題が発生した場合には当事者間で誠意をもって話し合って解決する、という条項で満足して契約を締結することが多い。

警備契約の本質まで踏み込んだ上で契約することが、依頼主には必要となっている。

第1節　警備契約とは何か

警備契約は請負契約である、と通常はいわれており、また一般にそう信じられている。令和3年（2021年）に開催された、東京2020オリンピックでは会場警備をめぐり首都圏における14の警備業者で「警備JV」が設立された。このように警備契約の形態は年々、複雑多様化しており、一概に形態を固定することはできない。

なお、警備契約の法的性質について判例を調べてみると、請負であると一概に断じることができないようである。令和2年（2020年）6月19日の東京地方裁判所において、警備契約に関する法的性質について、論述した判決が出ているので引用する。

（争点）

警備契約は、契約当事者の一方が、他方の当事者の指定する場所等で警備業務を行うことを委託し、他方がそれに対する報酬を支払う契約をいうところ、証拠によれば、本件契約の業務内容は、①火災、盗難及び各種事故の未然防止、②出入・受付等の各種管理業務の実施、③事故確知時における対処、関係先への通報・連絡及び④警備実施事項の報告であることが認められる。これによれば、本件契約は、火災、盗難等の事故の発生を未然に防止するという仕事の完成を第一とし、本件ビルへの人の出入り等の管理や事故発生における通報等といった事務を行うことも内容とする請負と委任の性質が混在する無名契約と解するのが相当である。

（判示事項）

原告が、被告に対し、被告が警備契約で定められた警備隊員の実働労働時間を原告の承諾を得ることなく変更し、原告から変更により減少した実働労働時間に相当する委託料を余分に支払わせたとし、主位的に不当利得に基づく返還請求権として、予備的に債務不履行に基づく損害賠償請求権として、金員の支払いを求めた事案。裁判所は、原告の被告に対する契約料金の支払いには法律上の原因があり、原告の不当利得の主張は失当とし、警備契約は、請負と委任の性質が混在する無名契約と解されるところ、両当事者の現場責任者が協議の上で時程表を変更した場合は、新たな時程表に沿って契約内容が変更されると認め、債務の本旨に従った履行がされていないとは認められないとして請求を棄却。【事件番号】平成30年（ワ）第22590号。

この判決は、この事件に関する「警備契約は請負と委任の性質が混在する無名契約と解される」と結論づけている。

この事件の概略について説明しておくと、原告（委託元）と被告（警備業者）はビルの施設警備契約を交わしていた。

委託元は、警備業者が平成21年（２００９年）９月に協議をしないで、時程表（警備スケジュール）の休憩時間を増加するなどして実働時間を減少させていた。平成20年（２００８年）の時程表に定めた通りに警備業務を実施しておらず契約不履行であると主張した。平成21年（２００９年）９月から平成25年（２０１３年）９月までの、減少した実働労働時間に相当する委託料、５５１６万３４３０円を警備業者に返還するよう請求した。

警備業者は、契約書が定めているのは警備担当員の配置（拘束）時間数と配置人員数で、警備料金もそれをもとに計算されている。合計時間（拘束）は変えておらず請求金額も変えていない。時程表の変更について、現場の実情に合わせて内容を見直したが、委託元窓口のＡ課長と協議して了解を得てから変更した内容で、一方的に変更をしたわけではない。

裁判所は本旨に従った履行がされていないとは認められないと、委託元の返還請求を棄却した。このように警備契約は請負契約と断定することはできない。現時点では、警備契約とは請負契約と委任契約の複合契約と判断されるが、個々に締結される警備契約の内容により、請負と委任いずれに近いかで判断することとなる。

一　請負契約

請負とは、民法第632条から第642条までに規定があり、当事者の一方（請負人）がある仕事を完成し、相手方（注文者）がその結果に対して報酬を与える契約のことである。

請負契約の肝心な部分は、労務そのものが契約の目的とはなりえず、労務によってもたらされた結果が、請負契約の目的となるということである。

法的に請負契約の目的とされるものは、通常、建築物の構築のように、誰もが容易に理解しうる有形的なものばかりとは限らない。宅配便などの運搬に関する仕事のように、無形的なものであっても、それなりに評価しうる結果であれば、目的と判断される。したがって、警備業者が、「警備請負契約」を締結したとすれば、その契約の目的は、特定期間無事故である、ということになる。もし事故が発生した場合、請負契約という性質上、目的の完成がなされなかったわけであるから、当然、警備料金は請求しえないのが法論理上は自然であろう。また、その際の賠償責任も当然発生することになる。労務の提供を手段としている警備契約の目的の是非も含めて、これらの問題点につき、「警備は請負である」と主張する警備業者は、その論拠を明確にする必要がある。

人手不足解消の手段として、業務の一部をアウトソーシングする「請負」を活用する企業が増えているが、同等に比較されることの多い「派遣」との違いは「契約の目的」「契約の期間」「指揮命令権の所在」である。

また、プール監視業務は平成24年（2012年）6月25日・警察庁生活安全局生活安全企画課犯罪抑止対策室長・事務連絡により警備業務となりえるため、警備契約が必要となっている。

二　委任契約

委任については、民法第643条から第656条までに規定がある。

民法第643条によると「委任は、当事者の一方が法律行為をすることを相手方に委託し、相手方がこれを承諾することによって、その効力を生ずる」片務・無償・諾成・不要式の契約であるとされている。

しかし、通常、報酬についての特約や慣習がある場合は、委任は双務・有償契約となるため、民法上の委任契約の原則は、無償が原則であるが、有償を例外として認めている、とされている。

このような法的解釈とは反対に、一般社会においては、有償による委任が当たり前で、業務を委任されて行う場合、無償で行うなどということはありえない。基本的に、委任は法律行為の存在を前提としているが、警備業務は法律行為ではなく事実行為である。したがって、警備業は委任契約とは言い難く、強いていうなら準委任契約に近いといえよう。

三　雇用契約

雇用契約は、民法第623条に規定されており、一方の当事者が相手方のために「労働に従事すること」を約束し、他方の当事者がこれに「報酬を与えること」を約束したところの、諾成・

双務・不要式の契約であるとされている。

警備業者による労務の提供と明らかに異なる点は、雇用の目的が労務それ自体であることであり、警備業においては、労務の結果としての「無事故」がその目的であると明確に区別される。

雇用の特徴は、契約の相手方である使用者の指揮命令のもとに、労務の供給が行われる点である。これは、期間が長期であれ短期であれ問題とはならない。したがって、警備業者の行う警備契約は、明らかに雇用契約とはなりえないことになる。

雇用契約を結ぶ際に、報酬について定めない場合があっても、報酬を支払う旨の合意はなされていると認定される。また、その報酬は金品であっても他の物品であってもかまわないとされているが、実質的には労働基準法の規定により、特別の場合を除き、通貨で払わなければならないことになっている。

四　警備契約の定義づけ

警備契約は、「警備請負契約」であると一般には理解されており、実際の契約書も、そのような文言で作成されているのが通常である。

請負であるとした場合、警備員は契約先の指揮命令はいっさい受けることなく、雇用主である警備業者の指示にしたがって業務を履行することになり、警備業者は警備業務を遂行することに関して、担保責任を負わねばならない。昭和50年（1975年）2月に、「警備契約は請負契約である」と断定した鹿児島地方裁判所の判決（『判例時報』７９３号、92ページ）もあり、警備業務は請負であるといっても差しつかえない。

また、委任であるとした場合、業務の実施は労務供給の提供を中心としていると判断される点からみて、一見したところ、事務処理を重要な業務として扱っているかにみえる。そこで論拠として準委任ともいえよう。

さらに、警備員は現実に警備業者に雇用されており、警備業務を実施する契約先からは雇用されていない。業務上において、契約先と警備員との間における従属関係は、警備業法上の観点からみて発生しえないものといえる。

警備業法は、警備業者に対し、業務に関する主体者としての一連作業を行うように定めている。すなわち、警備員に対する教育についての規定と、警備員の労務管理に関する身分上の監督ならびに業務実施上の監督、また警備契約先等における業務実施上の具体的指導等の条項が、契約先である依頼主の警備員に対する直接の指示を妨げている。もし依頼者がそのような行為を行った場合には、警備業者のすぐ知るところとなる。

警備業者は、警備業法に違反して指導監督を行わない等の違法行為を看過すれば、行政処分の対象となることはいうまでもない。警備業者がこのような状況を承知しつつ、あえて警備員と依頼主間に従属関係を結ばせることはないといえる。

それでは警備契約とはいったい何であろうか。前述したように請負契約と委任契約の複合した契約という表現が実態に近いといえるが、判例にしたがって定義づけるとしたならば、「警備契約とは、有償による労務供給の無名契約である」ということができよう。

警備業法という法律のもとで警備業務を遂行している現時点では、社会通念上素直に請負と解して警備業務を実務としている警備業者が大多数であろうし、また、契約先も疑問をもたず警備業務を依頼していると考えられる。

ここで注意すべきことは、指揮命令権の確認である。契約形態が、二者間における請負契約の他、三者契約において、指揮命令権が警備業務を直接遂行する警備業者になければならない。

さらに、警備業務を委託する先は、警備業法第４条で定められた、認定を受けた警備業者でなければ警備契約は成立しないということであり、警備業務の提供委託も同様である（警備業務を一度受託した会社が、別の警備業者へ、その警備業務を再委託すること）。

近年多くなってきた契約形態ではあるが、この場合、再委託元の会社と再委託先の警備業者はどちらも警備業の認定を受けている必要がある。

第2節　過去の紛争事例

過去の紛争事例は、依頼主が警備業者に対し、債務不履行による損害賠償を請求して提訴したものや従業員が警備業者に対し、仮眠時間に対する賃金支払を求めて提訴するケース等がある。

(1) 機械警備であるが、そのために設置した遠隔監視システムの作動が遅れ窃盗犯人の犯行を阻止できなかったという事例

平成24年（2012年）12月16日未明に、本件店舗ドアから窃盗犯らが侵入し店舗内の宝石等を盗み逃走した。X（店主）はこれにより約3776万円の損害を受けた。設置していたフォギーユニットが作動したのは1分以上の遅れであったため意味がないとして、弁護士費用を含む損害金合計の約4146万円をY（警備業者）とY1（保険会社）、Y2（保険会社）に請求した（注：フォギーユニットとは約120デシベルの破裂音を発し天井から白煙を噴射し侵入者を威嚇する装置のことで、1～2秒で作動すると犯罪の抑止に大きく効果があるとされている）。

Y管制員は、X店舗の異状信号を受信の前に、他に3件を同時対応中であった。架電対応が終了しX店舗の窃取行為を明らかに確認したので、フォギーユニットを作動させ（ドアの侵入から約1分後）警察へ通報を行った。対応は遅くないと反論した。

判決は、侵入窃盗犯に対して約1分後のフォギーユニット作動は、履行遅滞の債務不履行となるが、故意、重過失は認められないとして、Y警備業者に対しては免責されるとした上で、Y1に1092万円、Y2に688万円の支払を認めその余の請求を棄却する（東京地裁判決、平成29年6月14日）としている。【事件番号】平成26年（ワ）第15245号。

(2) 機械警備契約先のショールーム内の新車が台風で水没・全壊したことについて、警備業者の債務不履行責任を追及された事例

Y警備業者は、A本社ショールームと警備契約を締結していた。平成11年（１９９９年）９月24日、台風18号が上陸し、同日午前7時過ぎには満潮となり、Aショールーム１階に保管されていた車両17台が、海水の侵入により全壊した。

本件警備契約書の業務内容欄には、「火災、盗難及び特定（　　）の異常感知」と印刷されているところ、この「火災」と括弧内空欄のみ、二重線で消されて、「火災、盗難及び特定（　）の異常感知」という表記で契約が締結されていた。

Aは、通報・連絡を行うべき対象は、火災を除く、盗難とそれ以外の異常感知のすべてと解釈すべきであり、連絡さえもらえば車両を移動させて損害を回避できたと、損害金約２１６９万円は債務不履行によるものであると主張した。

判決は、火災、盗難以外の警備内容が定められた場合に補填するための空欄であることは明らかであり、抹消されていない盗難のみを警備内容とし、他に付加すべき警備内容がないことを示すものである。本訴請求は理由がないとし、棄却する（広島高裁判決、平成13年９月12日）としている。【事件番号】平成13年（ネ）第１６５号。

(3) 仮眠時間が労働時間に当たるか否かについて、争われてきた事例

夜間勤務における仮眠・休憩時間が労働時間に当たるとして、時間外手当などを支払うよう求めたN警備業者（長野地裁佐久支部、平成11年7月14日判決、平成12年12月東京高裁勧告により和解）のケース等。【事件番号】平成5年（ワ）第１０７号等。

仮眠時間は、労働時間に当たるとする裁判事例が次々に出ているが、警備業界への影響は極めて大きいといえよう。

(4) 花火大会における雑踏警備業務を行う上で、事故発生の予見可能性を問われた事例

花火大会、会場近くの兵庫県明石市朝霧歩道橋で、転倒事故が発生し、10人が死亡した。現場で警察官を指揮する立場にあった警察署地域官及び現場で警備員を統括する立場にあった警備業者支社長の両名において、いずれも事故の発生を容易に予見でき、回避することが可能であった。両名に業務上過失致死傷罪が成立された（最高裁判決、平成22年5月31日）。

（※明石市朝霧歩道橋事故については、後述にある第9章第2節の雑踏警備業務を参照）。

第3節　警備賠償責任保険

警備業者が契約先と警備契約を締結する際に、自社の過失等によって生じる損害を賠償するために、損保会社と締結する保険のことである。

警備業者は、一般に中小零細規模の業者が多く、現実に警備業者の過失によって発生した損害について、自社単独の力ですべて処理することは困難である。そこで、警備業者はその賠償能力を得るために、「賠償責任保険特約書」あるいは「賠償責任保険包括特約書」を、損害保険の会社と締結するようになった。

当初は、警備業者が警備賠償責任保険を締結したいと希望しても、なかなかよい返事が返ってこないことが多かった。そのような状況下において保険契約を締結するのであるから、当然損保会社側の意向が強く反映することは否めない。その傾向は現在に至っても続いており、簡単に流れを転換できないもののようである。

群馬県警備業協会が主催した経営者研修会（令和4年［2022年］6月21日）の中で、全警協が講演した「警備業者賠償責任保険団体制度」によると、大手3保険会社調べ（令和2年［2020年］末）では賠償責任保険契約の加入状況は、1万1113業者のうち約4000〜4500社とされている（※3保険会社とは、三井住友海上火災保険株式会社・あいおいニッセ

イ同和損害保険株式会社・日新火災海上保険株式会社、国内の保険代理店約16・5万店、2020年度調べ）。

第9章　警備業の業務内容

警備業の業務は、警備業法により、5種類の項目に分類されている。

第1節　施設警備業務

一　施設警備業務

警備員が警備の対象となっている施設に常駐し、出入管理業務や巡回業務により火災や盗難等の事故の発生を防止する業務のことである。

対象となる施設は、工場・事務所・官公庁舎・ビル・ショッピングモール等、さまざまであり、通常は一定規模以上の施設である場合が多い。具体的な警備業務の内容は、警備契約書・警備計画書（図9－1）・警備指令書で詳細に策定されるが、おおむね次の事項について言及することが通常である。

①契約書の締結、②実施期間、③警備対象、④警備料金、⑤損害賠償、⑥免責、⑦機密保持、⑧違約、⑨警備目的、⑩実施方法、⑪必要資格、⑫指揮命令、⑬警備責任、⑭出入管理、⑮火災・

図 9-1　警備計画書作成例

警備計画書

1. 警備対象物件

対象施設名　○○会館

所　在　地　○○県○○市○○町○○番地

2. 警備方式

施設警備業務

3. 配置ポスト及び担当時間

配置ポスト	配置人数	担当時間	対応
防災センター	2名	09：00～09：00の24時間	固定（座哨）
ロビー	1名	09：00～18：00の9時間	固定（座哨）

※休館日はロビーの配置なし

4. 警備実施要領

（1）出入管理業務

ア　出入管理は、甲が認めた入退館規定に基づき、9時から20時の間、防災センターで行うものとする。

イ　来訪者に対しては、懇切丁寧に接し、入退館規定の解釈及び具体的適用について、疑義が生じた場合は、直ちに甲の責任者に連絡し、協議する。

ウ　出入管理は、別添様式1の「出入管理簿」によって管理し、時間外及び休館日の出入りは、必要な事項が記載された別添様式2「時間外残留（入館）者届」を受理し、管理する。

エ　工事・清掃業者等は、別添様式3「工事・作業届」を受理し、管理する。

オ　主要出入口の解錠は8時、施錠は20時とする。

（2）巡回業務

ア　巡回の範囲は、警備対象物件及びその敷地内とし、別添の「巡回経路図」のとおり行うものとする。

イ　巡回回数は不定期に次のとおり行うものとする。

3巡回（休館日6巡回）

ウ　巡回の際の点検事項は、次のとおりとする。

（ア）出入口の門扉、窓、車庫、倉庫、便所等の施錠すべき箇所の施錠の有無及びガラス、シャッター等の破損の有無

（イ）漏電、ガス漏れ、漏水等の有無

（ウ）消火器等、各種消火設備の異常の有無

（エ）暖房機、灰皿等、火気の使用状況、後始末の適否

（オ）避難通路、避難口、防火扉等の周辺状況の適否

（カ）不要灯の消灯、必要灯の点灯の確認

（キ）危険物、可燃物の保管状況の適否

（ク）フェンスの損傷や破損の有無及び侵入に利用されるおそれのある箇所の点検
（ケ）変質者、泥酔者、浮浪者の有無

（3）監視業務
ア　不審者、徘徊者及び潜伏者の入館を監視し、発見時には適切な処置を行う。
イ　館内設備機器の故障発見時の通報その他適切な処置を行う。
ウ　緊急事態発生時における通報その他適切な処置を行う。

（4）鍵の授受と保管
ア　乙は、甲から受領した鍵は、キーケースを防災センターに設置し、保管する。
イ　鍵の貸出しは、別添様式4「鍵の授受簿」によって授受管理する。

5. 事故発生時の留意事項
（1）火災発生時の消火活動
（2）不法行為者に対する処置
（3）負傷者に対する救護
（4）甲の担当者及び関係官公署への連絡
（5）在館者への館内放送と避難誘導
（6）現場保存と立入規制
（7）群集の整理
（8）被害の拡大防止等
（9）各種設備機器の制御操作

6. 報告及び連絡
（1）警備報告
毎日の警備実施状況は、警備報告書に業務関連書を添付のうえ、甲の担当者に報告する。
（2）事故報告
事故発生時には、直ちに甲の担当者に口頭又は電話等でその状況を報告し、後刻警備報告書又は事故報告書等の書面で詳細を報告する。

7. 服装及び装具
所定の装備及び装具とする。

8. 付帯業務
ア　拾得物は、別添様式5「拾得物取扱簿」に必要事項を記載し、一時保管のうえ、甲に移管する。
イ　特定郵便物等は、別添様式6「郵便物授受簿」によって保管及び引渡しを行う。
ウ　閉館時の電話交換業務は、防災センターで実施する。
エ　その他、甲乙協議し、書面によって確認する業務

9. 協定事項
甲は、警備業務実施上、必要な施設、設備機器の使用を乙に認める。

（出所）一般社団法人全国警備業協会『警備員指導教育責任者講習教本Ⅱ実務編』（令和2年9月26日17版発行）より作成

盗難に関する処置方法、⑯鍵の管理、⑰巡回、⑱開閉管理、⑲報告、⑳電話、㉑服装、㉒仮眠、㉓緊急連絡先、㉔苦情の窓口、㉕細部の警備業務実施要領等である。

特に施設警備において大事なことは、契約先の警備対象の内容を熟知することである。受付業務や巡回業務を行っている際に、異常ならびに異状を発見できるためには、日頃の状況についてよく知っておかなければ、「おかしいぞ」とまず感じることができない。

そのために、警備業者は警備診断を徹底的に行うこと、契約先とのコミュニケーションを密にして、具体的な要望事項を常時確認把握しておくことが必要である。その上で、服装・動作・態度の挙措《きょそ》についての教育を実施して、警備員の水準を一定以上に保つよう努力しなければならない。

警備業法に基づく指導・監督・教育の際に、警備対象個々の警備マニュアルを作成し、活用することが望ましい（図9－1）。その際、警備対象先顧客との打ち合わせは、必須条件であろう。

二　巡回警備業務

巡回警備業務とは、警備員が警備の対象となっている施設に常駐せず、車両等を用いて複数の警備対象施設を回り、火災や盗難等を警戒し防止する業務のことで、万一被害が発生していた場合、それ以上の被害の拡大を防ぐことに最大限の努力を払わなければならない。

なお、巡回警備業務は後段の第5節で扱う機械警備業務と併用して行う場合が多く、夜間無人化する学校やビル等において行われることが多い。

三　保安警備業務

保安警備業務とは、デパートやスーパー等の商業施設、特に一般客を相手とする小売形態の施設において、万引を警戒し防止する業務を主としている。

保安警備業務を実施する際の留意点は、なんといっても誤認逮捕をしないことである。誤認逮捕は、万引犯人であると間違えられた人の人権問題に直結し、公衆の面前で恥をかかされたとの思いが強烈に作用して、絶対に警備業者や警備依頼者を許そうとしないものである。この点に関してはよくよく注意する必要がある。

万引についての問題は、青少年から一般人も含めて、罪の意識をもたずゲームの感覚で犯行をおかすケースの他、不況の影響で、中高年者や高齢者の生活苦による犯行が増加していることである。また、近年では「窃盗病」や「病的窃盗」とも呼ばれる「クレプトマニア」が精神疾患として話題となっている。

保安警備業務は主として人間による警備業務ではあるが、防犯機器も併用されている。入退出口を通過する際に、代金を支払わず品物をもって店外へ出ようとしたとたん、万引の可能性を意味するチャイム等が鳴り、店員等に知らせるシステムのほか、顔認証システム等が活用されている。

保安警備業務を実施する際の注意点は、次の通りである。

①あきらかに警備員であるとわからせる巡回以外は、努めて客の中に溶け込んで一般に目立た

図9-2　窃盗認知件数の推移（手口別）（平成3年～令和2年）

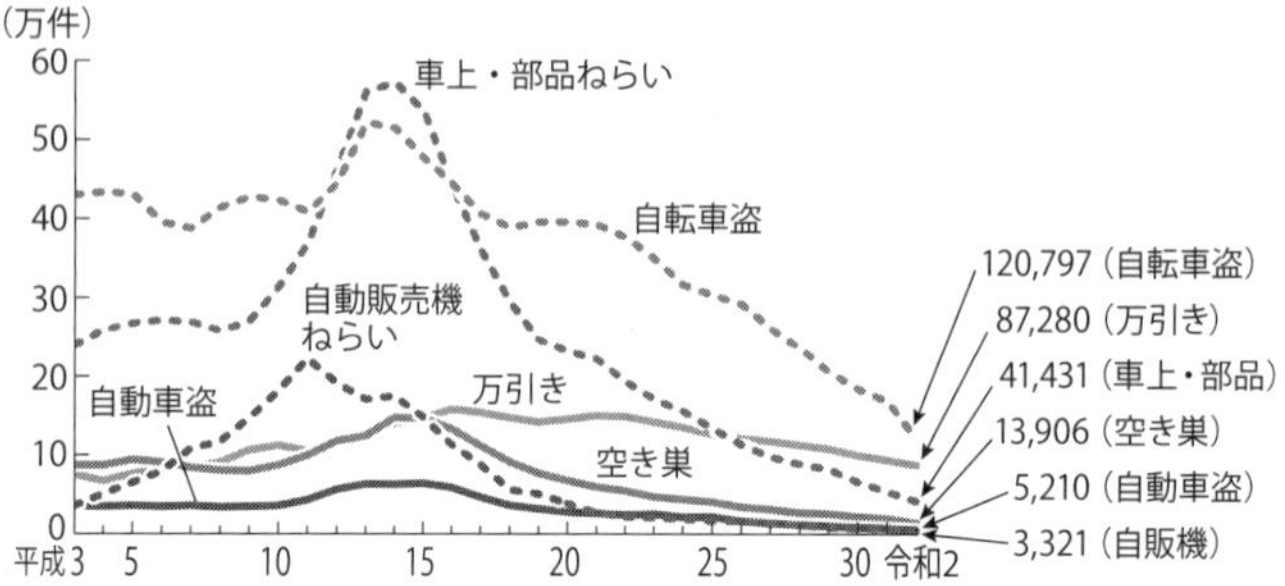

（出所）『犯罪白書』（令和3年版）、p.9

なくする、②挙動不審者のマーク、③マークした者が店外へ出てからでなければ声をかけない、④現行犯逮捕しても警察官類似行動をしてはならない、⑤現行犯逮捕の際は直ちに犯人を警察官等に引き渡さなければならない。

「窃盗認知件数の推移」（図9－2）によると、窃盗犯罪が平成15年（2003年）前後をピークに全体的に減少傾向にあるなか、万引手口はなかなか減少していない状況であるため、関係者は真剣に受け止めなければならない問題である。

四　空港保安警備業務

空港保安警備業務とは空港保安検査のことで、飛行機がハイジャックされること等を警戒し防止する意味において、X線透視装置や金属探知機を用い、また手指による検査で旅客等の携帯品や身の回り品等に関して、凶器をはじめとした機内持込み制限品の有無を検査するものである。国土交通省からの通達等に基づいて航空会社が「航空保安検査マニュアル」を定め、航空会社の委託によって検査を実施する警備業者の警備員は、その実施要領に基づいて検査を行うことになっている。

この場合、特に気をつける事項は次の通りである。

①金属反応のあった者については、開披検査・ボディチェックを行う、②警察官の人員と位置関係は必ず確認する、③空港側社員と警察官に対して常に緊密な関係を保ち、問題が発生した際に的確な措置がとれるような配慮をする、④不審者については、警備員の判断で処理せずに、必ず警察官に連絡する必要がある、⑤保安検査は運送約款を根拠として行うものなので、適切な挨拶・態度等、言辞には充分留意しなければならない、⑥危険物を発見した場合には、持ち主に対して危険物等の放棄や預入手荷物への変更を求めることとし、必要な場合には警察への引き渡し等を含む毅然とした対応をとる必要がある。

いずれにせよ、空港保安検査は多数の大切な乗客の生命を預かり、また守るために、必ず実施しなければならない重要業務であり、少しの油断も大事故につながる危険性をもっている点に留意して、真剣に業務に携わる必要がある。

五　機械警備業務

警備業法第40条から44条は、機械警備業についてさまざまな規定を定めている。

機械警備業務は、もともと施設警備の範疇に入るものであるが、機械を用いることによって業務の合理化を促進し、警備業務の業態を変化発展させた大きな力である。より詳しく触れるために、後段の第5節で扱うことにする。

第2節　交通誘導警備業務・雑踏警備業務

一　交通誘導警備業務

交通誘導警備業務とは、建築現場や道路工事現場・高速道路や駐車場等において、関係車両の出入りによって一般車両や歩行者の通行を妨げないようその地域の交通誘導を行うもので、交通事故等の発生を警戒し防止する業務である。

交通誘導に携わる警備員は、交通誘導と交通整理の違いについて、理解し納得しておかねばならない。交通誘導は、道路交通法第77条第3項の、警察署長の行う道路使用許可の中に、道路における危険を防止し、その他交通の安全と円滑を図るため必要な条件を付することができる。との規定がある。

いずれにせよ、警備員になんら権限はないことは明白であり、一般私人としての範囲を越えるものでないことをよく自覚する必要がある。

これに対し、交通整理とは、道路交通法第6条により、法的強制力をもって道路上の危険防止ならびに交通の安全と円滑を図るため行うもので、警察官や駐車監視員（警察署長から放置車両確認事務を受託した民間法人の従業員）が行うものをいう。

警備員が、交通整理との基本的相違点について自覚することで、おのずから交通誘導時における挙措動作が丁寧になり、礼儀正しくなると予想される。また、警備業者は、この点について充分な教育を実施する必要がある。

このような状況にある交通誘導警備業務の実務上の注意点は、次の通りである。
①道路交通法に関する必要事項の知識を理解する、②現場の状況について適切な情報を事前に入手する、③服装や装備品は警備員らしい品格を保つよう努力する、④交通誘導中に道路の真ん中に出るなど、暴走車両がきた際にとっさに避けられないような行動は慎む、⑤警笛・誘導灯・手旗・徒手による合図は、大きな動作で明確に、会釈や挨拶も相手に伝わるように行う、⑥交通誘導の現場に警察官等がいる場合で、指示があった場合はその指示に従う、⑦工事用車両を一般車両や歩行者に優先させない、⑧工事現場において交通誘導を実施する際にはヘルメットを必ず着用すること、また夜間は夜光チョッキや高視認（反射材が付いた服）用品が必須である、⑨道路工事現場においてその距離が著しく長くなり、入口と出口が双方とも判別困難な場合については、無線の使用によって業務を円滑に推進する、⑩交通事故が起きた場合、警備員はその処置に関し専門的知識のもとに、速やかな対応をしなければならない。
交通事故が発生した場合には、さまざまな角度からの判断が必要となり、専門的知識と対応が要求される。

従来、警備員がかかわった交通事故は、賠償金の支払いにより解決されているケースが多い。警備員が勝手に交通誘導を行うことはありえず、ユーザーの依頼によって行われることが当たり前である。

したがって、事故が発生した場合には、加害者・被害者の別なく、工事施工者・警備業者・保険会社が関係者となり処理にあたる。

工事に関係のない通行人やドライバー等の第三者が被害者となり、工事施工者側が加害者となるケースで考えてみると、警備業者の立場では三つの点が存在している。

I

(1) 事故状況の把握
(2) 加害者・被害者の過失責任の度合確認
(3) 被害金総額の試算
(4) 事故発生場所の地域環境の把握
(5) 被害者側関係者の社会環境の把握
(6) 賠償金や見舞金等必要金額の負担金割合算出
(7) 警備賠償責任保険適用の可否判断とその交渉

Ⅱ

(1) 被害者との応対に誠意が伝わる言動をする。
(2) 被害者にとっての誠意とは何かを、担当者に特命する。
(3) 誠意ある言動の記録を必ず残し、電子保存やファイリング等をする。
(4) 機会教育の一環として、事故処理のノウハウを当該警備員・担当者に教育する。
(5) 関係官庁、工事施工者、保険会社、マスコミ等との連絡を密にし、精神的支援網を作る。

Ⅲ

(1) 運転手の事故発生直前の過失行為の内容を検討する。
(2) 警備業者と工事施工者（警備の発注者）との契約内容を検討する。
(3) 交通誘導をしている警備員の過失行為の有無、その内容について検討する。
(4) 警備業者・工事施工会社の監督責任について事故発生直前と、かなり以前のものとに分けて検討する。
(5) 運転手が会社に勤務する者で、勤務時間中であった場合の、当該会社の監督者責任についで検討する。
(6) 右記と重複するが、特に労働契約上の責任から生ずる労働環境の安全体制を確保し、提供する業務についての責任問題が、どこにどの程度あるかを検討する。

これらの検討・判断・行為の結果として、通常は関係会社納得の上での金員支払により当該事故は解決し、警備業者としては、ユーザーとの信頼関係がより強固になって残ることとなる。普通はこれで一件落着となり、警備員の交通誘導上のミスは、法的に問題の対象とならずにきた。

このように、警備業務にかかわる交通事故の側面は多様であり、警備業者としては、真剣にこの問題に取り組む必要がある。

二　雑踏警備業務

雑踏警備業務は、祭礼、興行、競技その他催し物等に際して、一定の限られた場所に不特定多数の人や車が集中し、混雑する雑踏内部で負傷等の事故の発生を警戒し防止する業務で、事故発生の際は、事故の収拾と拡大防止に努めるものである。

初詣やコンサートなど、不特定多数の群衆が特定地域に殺到することから生ずる雑踏事故の発生を、警戒し防止する業務であり、また、発生した場合の速やかな処置と拡大防止を目的としている。

具体的には、次のような催物がある。

⑴　屋外……初詣、祭礼、花見、花火大会、屋外興行

⑵　屋内行事……屋内興行、初売り、博覧会、スポーツ大会、納涼大会、コンサート

(3)　冠婚葬祭……いわゆる有名人や社会的地位が高いと目されている人々の葬儀や結婚式等が、これに当たる。

イベント警備の中での要注意点は、コンサートや演劇、あるいはテレビ・映画などのロケにおいて、一部熱狂ファンによって全体が興奮状態に陥り、雑踏事故が発生することである。

平成13年（２００１年）７月21日、兵庫県明石市朝霧歩道橋事故（表９－１、表９－２）のように、主催者・警察・警備業者の判断ミスがもたらす大惨事の危険性など、イベント警備の特殊

表 9-1　明石市朝霧歩道橋事故の死傷病者の概要

総患者数 258 人		男性 72 人
		女性 186 人
負傷病態の内訳	外傷患者	219 人（心肺停止 11 人含む）
	疾病患者	16 人
	外傷＋疾病	21 人
	その他	2 人（いずれも妊婦の体調不良）

（出所）明石市 HP「第 32 回明石市民夏まつりにおける花火大会事故調査報告書」（更新 2022 年 3 月 25 日）

表 9-2　明石市朝霧歩道橋事故の経緯

事故の概要

平成 13 年（2001 年）7 月 21 日、午後 8 時 45 分過ぎ、第 32 回明石市民夏まつりの花火大会会場の大蔵海岸と JR 朝霧駅を直結する「朝霧歩道橋上」で観客が押し合いになり、群衆雪崩によって 11 人が死亡した

事故の経緯

平成 13 年（2001 年）　※主催者：明石市

5月21日	主催者と警察の事前検討会（警備計画案は策定中）
6月6日	主催者、警察、警備業者の事前検討会
6月26日	主催者、警察、警備業者の事前検討会
7月4日	警備業務説明会（主催者、警備業者、市内の警備業者）
7月9日	警備業務説明会（警備計画書について協議）
7月21日	大蔵海岸と JR 朝霧駅を直結する明石市道「朝霧歩道橋上」観客が押し合いになり、転倒し、10 人が死亡
7月28日	神戸中央市民病院へ転送されていた重傷者が死亡（死者 11 人に）

平成 14 年（2002 年）

1月30日	事故調査委員会が事故調査報告書を公表

平成 16 年（2004 年）

12月17日	神戸地裁判決　5 名に業務上過失致死傷罪の成立を認め禁固 2 年 6 月 （警察）地域官、（警備業者）支社長（2 名は実刑） （主催者）明石市職員 3 名（3 名は執行猶予 5 年）

平成 19 年（2007 年）

4月6日	大阪高裁　警察地域官、警備業者支社長の控訴を棄却した

平成 22 年（2010 年）

5月31日	最高裁　警察地域官、警備業者支社長の上告を棄却した

（出所）明石市HP「第32回明石市民夏まつりにおける花火大会事故調査報告書」（更新2022年３月25日）
裁判所HP 判例集（神戸地裁）事件番号 平成 14 年（わ）1563
裁判所HP 判例集（大阪高裁）原審事件番号 平成 19 年（う）567
裁判所HP 判例集（最高裁）事件番号 平成 19 年（あ）1634
より作成

性を、警備業者はよく留意しておく必要がある。

具体的な注意事項については、次のとおりである。

①催物は比較的短期間で終了し、その内容は事前に十分わかっているものであるため、予測できる危険を極力減らすよう努力する、②特定地域の一点に群集を殺到させることのないよう、群集心理に留意する、③通路の安全性についての配慮が比較的不足するケースが多いので注意する、④警備契約の相手が誰であるかを明確に把握しておく、⑤突発事態に対処するための予備人員は、必ず確保しておかねばならない、⑥総合的に警備をとらえる必要がある、すなわち迷子の保護から遺失物関係、スリ・置引・タカリ・暴力行為等に対する配慮もとらねばならない、⑦問題発生に備え、広報活動をどのようにするか、事前と事後の対策が必要である、⑧簡易設置型のオンラインカメラを活用し多角的な視点から警戒を行い、かつ動画を保存する。

三　公営競技場の警備

公営競技場の警備とは、これらの競技場内における雑踏事故の発生を警戒し防止することを中心にして、のみ行為のチェックや暴力団対策も含め、施設内の事件の芽を摘むとともに、駐車場における交通誘導をあわせて行うものである。

公営競技場の警備は、警備員を大量に必要としているが、その反面、原資となる収益は年々低下しており、警備業務に関する予算の増額は困難となってきている。

しかし公営競技場側は、警備業者に対して、その契約の範囲内においてではあるが、自主強化策を打ち出しているところが増加しており、年齢制限や臨時警備員の禁止等を求めるようになっている。

警備業者として、警備業務に関して注意すべき点は次のとおりである。
①公営競技場施設の構造と周辺地域の地理的状況をよく把握すること、②施設に出入する暴力団組織に関する情報をもつこと、③車両の流れに関し、極端な渋滞が発生した場合の対処について、事前に公営競技場・警察署と打ち合わせをしておくこと、④開催内容や時間帯によりファン層が異なることがあるため、その事前情報を的確につかみ、紛争事案に備えること、⑤正確な情報の収集伝達に関し、無線・監視用モニター・直通電話・放送設備・非常用自動通報装置等の設備を備えること、⑥紛争発生が予測される時は、集中的な部隊活動ができる体制がとれること。

第３節　運搬警備業務

運搬警備とは、「貴重品運搬警備業務」「核燃料物質等危険物運搬警備業務」のことで、貴重品や危険物を自動車・列車・飛行機・船舶等で輸送する際に、複数の警備員によって、盗難等の事故の発生を警戒し防止する業務のことである。

図 9-3　原子燃料の輸送に係わる安全規制の流れ

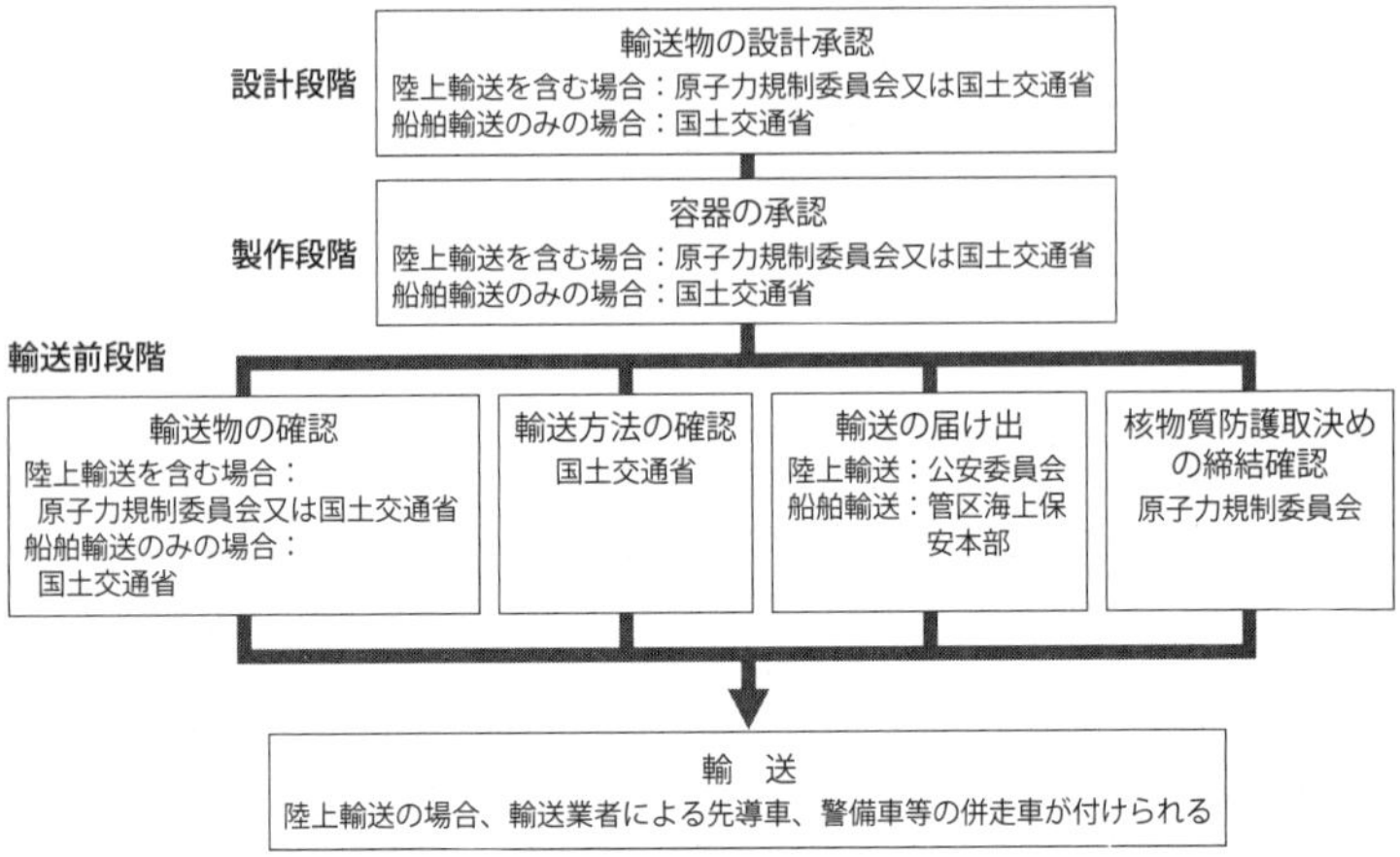

（出所）日本原子力文化財団「原子力・エネルギー図面集」（令和４年）

一　核燃料物質等危険物運搬警備業務

　核燃料物質等危険物運搬警備業務とは、「核燃料物質等や危険物を積載した車両に、警備員が乗務する警備業務用車両を伴走配置し、運搬中の核燃料物質や危険物に係る盗難等の事故の発生を警戒し、防止する業務」である（図９－３）。

　警備業者のみの立場からみれば、監督官庁は警察庁ということになるが、この運搬警備はほかにも非常に厳しい規制下におかれることになる。具体的には、原子炉等規制法に基づいて文部科学省・国土交通省・都道府県公安委員会、船舶安全法に基づいて国土交通省・海上保安庁、航空法に基づいて国土交通省等の指導監督がなされ、警備業者側もユーザー側も、格段の配慮が必要となってくる。

　核燃料物質は、その形状が気体・液体・固体とさまざまであるため、輸送する際は核燃料輸送物（核燃料物質を輸送容器に収納し、輸送する状態としたもの）に関する安全基準や、総理府令「核燃料物質等の工場又は事業所の外における運搬に関する規則」に適合しなければならない。

現在、世界では戦争を行っている国もあり、日本を仮想敵国もしくは紛争相手国と想定している国もあるといわれる。そういった国々から標的にされる可能性は認識しておかねばならない。すなわち、輸送中に襲撃を受けることを想定してその対策を講じるほか、交通事故等による衝撃や時間の遅れについては最大限の注意努力義務があると理解され、それらの問題の発生を事前に警戒し防止しなければならない。

核燃料物質は原子燃料物質ともいい、次のような特性を有している。

⑴　精密構造であること
⑵　国際規制物質であること
⑶　高価格品であること
⑷　放射性物質であること

この運搬に関して若干でも齟齬をきたすと、供給計画に大きな狂いが生じ、社会的問題になりかねない。日本はそれらを防止する上で、国際原子力機関（ＩＡＥＡ）が定めた規則に基づくことを基本とし、原子力規制委員会が技術的・専門的見地から、安全確保のためさまざまな研究活動を行っている。

核燃料施設には、加工施設や試験研究炉施設・再処理施設、そのほか核燃料物質・核原料物質の使用施設があり、全国各地に点在している。

二　貴重品運搬警備業務

貴重品運搬警備業務とは、「現金等の護送用に特注した車両を主として用い、現金・有価証券・貴金属・美術品等を輸送するものであり、輸送中における盗難等の事故の発生を警戒し防止する業務」のことである。この業務は、警備業務のみ実施するものと、警備と輸送をあわせて行うものとに分かれている。

かつての三億円強奪事件（昭和43年［1968年］）のように、この業務は比較的襲撃されやすい。したがって輸送に当たっては、事前の準備を念入りに行うとともに、輸送経路の選択に当たっては、襲撃者がいるものとの仮定を立てて慎重に決定すべきである。

使用する車両については、全国警備業協会『警備員指導教育責任者講習教本Ⅱ３号業務』に次の通り記載されている。

・金庫室と運転席の完全な分離
・一定限度の破壊力に耐え得る金庫室の構造
・３名以上の乗車が可能となる程度の車両の大型化

・基地局と連絡するための携帯用無線機
・基地局への自動緊急信号送出装置
・基地局への自車両位置通報装置（ＧＰＳ）
・エンジン作動不能装置の取付け
・金庫室の破壊工作に対応する信頼度の高い警報装置
・各種装置が作動した場合の確認赤ランプの点滅装置と威嚇用警告ブザー

これらは特に車両に関連するものばかりであるが、輸送方法は車両を使用するもののほか、列車・飛行機・船舶等を用いることがある。

通常、輸送するものは物理的に他空間から遮断することが普通であるが、中には警備員が携帯して輸送することもあり、安全な輸送経路の事前検討や複数警備員で対応するなど輸送方法を判断し、最良の方法を取る必要がある。

特に業務実施上注意することは、『警備員指導教育責任者講習教本Ⅱ３号業務』によると、
・基地局と輸送車両は間断なく連絡をとりあうようにする。
・事故発生に備えて、あらかじめ暗号を決めておく。
・輸送中に密着して離れない車両が出現した場合、基地局と連絡をとりながら警察署に立ち寄り、相手を確認する。

・不意の事態に備えて、輸送経路をあらかじめ何コースも想定しておき、いろいろな組替えができるようにしておく。
・業務実施に関しては警備員3名以上で役割分担して行うことが望ましい。
・受渡しの際は、身分証明書で相手の名前を確認してから行う。
・警備員は収納容器の鍵を預かってはならない。
・輸送経路として人通りの極端に少ない道路や見通しの悪い道路、人家のない道路は避けるように配慮すべきである。

と記されている。警備員数に関しては警備業法上の定めがなく、必ずしも3名で行うと決めているわけではなく、実際は業務分担等により2名で行うケースもある。

第4節　身辺警備業務

一般にはボディガードといわれており、人の生命または身体に対する危害の発生を、その身辺で警戒し、防止する業務を中心とした警備業務のことである。

令和4年（2022年）7月8日、第26回参議院議員通常選挙の応援演説に奈良県を訪れていた安倍晋三元内閣総理大臣が、公衆の面前で暴漢により射殺されるという、全国を震撼させ全世界を驚嘆させる事件が発生した。

元総理大臣であり、その警護には警護のプロである警視庁ＳＰや奈良県警の警護員が配置されていたが、その間隙を狙った犯行により生命が奪われた。

身辺警備の国家資格は「警備員指導教育責任者（４号）」が存在し、全国どこでも通用する。この資格を取得するには、直近5年以内に身辺警備業務を通算3年以上経験した上で、警備員指導教育責任者講習を受講し、修了考査に合格することが必要である。

直近で依頼者の安全を守ることが業務であり、日ごろから心身を鍛え想定訓練を実施して有事の際の危難に対処しなければならない重要な業務である。

一　要人警備

要人警備とは、社会的重要な地位にある人の身辺警備で、攻撃用武器を携帯して使用することなどは禁止されている。要人警備を担当する警備員は特に厳選し、必要な特別教育をあらかじめ施しておくことが必要である。警備員を選定する基準について、警察庁生活安全局生活安全企画課推薦で、一般社団法人全国警備業協会の編集発行による『警備員指導教育責任者講習教本Ⅱ４号業務』に、次の通り基準が示されている。

警備員の選抜に当たっては、経験、体力、年齢等を考慮すべきであり、おおむね、次のような基準によることが望ましい。
①気力・体力に富み、細心の注意力を有する責任感旺盛な者

②入社歴3年以上の者又は警備経験3年以上の者
③身長170㎝以上、体重60kg以上、視力0・8以上（眼鏡等使用を含む）の者
④柔道等の有段者
⑤普通自動車運転免許以上の免許を有する者
⑥外国語に堪能な者

ただし、近年においては、女性警備員による身辺警備業務の需要もあり、女性警備員の選抜に当たっては、この基準の限りではない。

このように厳選した上で、常時密着した警備を行うわけであるが、複数の警備員による連携プレーは必要である。特に要人の立寄り先については、事前の徹底調査のもとに不審者をマークし、群衆等も含め要人に接近することを防止せねばならない（図9－4）。

要人警備を実施する上で留意すべき点は、次の通りである。

①事前の情報収集は必須条件である、②要人の行動する経路における危険のチェックは必ず行わねばならない、③警備本部との連絡は常にできるように配慮すること、④警察機関との連絡状態は常に良好に保つこと、⑤外国語に堪能な者を養成すること、⑥自動車の同乗や乗降に関して

図9-4　歩行時の警備の方法

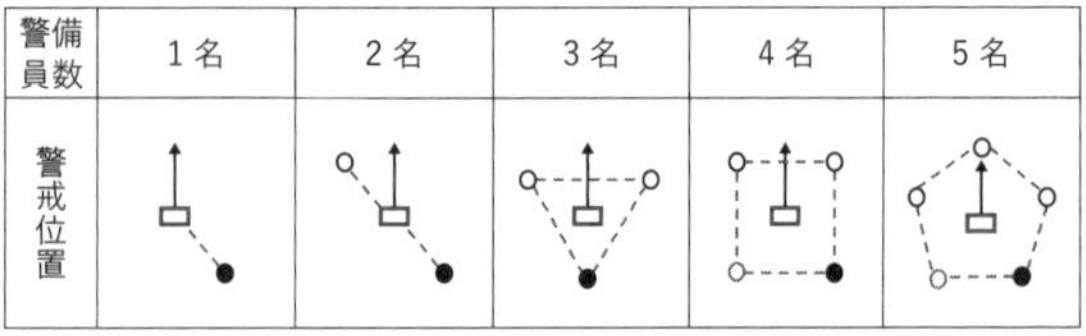

（注）□警備対象者　↑進行方向　●警備責任者　○警備員
警備対象者と警備員との距離は1～1.5メートルが原則である
（出所）一般社団法人全国警備業協会『警備員指導教育責任者講習教本Ⅱ4号業務』（11版）より作成

は、常に危険な者や危険物の存在を意識して行うこと。
自分の身体に危害が加えられるかもしれないと考える人が、自分の身辺において守ってほしいと他者に依頼するもので、問題が表面化した場合は刑事事件となる確率が極めて高い警備業務をいう。

二　特殊警備

昭和45年（1970年）前後、労働争議や市民運動・学生運動に対して、警備業者による暴力事件が頻発した。新東京国際空港建設用地整備第一次代執行において、警備員が議員や少年に暴行を加えた事件や、T株式会社から株主総会警備の依頼を受けて警備員を常駐させ、訪問する市民に暴行を働いた。また、製作所や鉄工所、新聞社やテレビ局などの各企業から、労働争議に関する警備を受注して日常的に暴行問題を発生させていた。

鎮圧を目的とした警備業者もあり、体力に自信のある警備員を採用し、警備業務という名目で暴行・傷害・襲撃を行い、護身用具という名目で、凶器を武装させることもあった。暴行・傷害事件、凶器準備集合罪等の事件になり逮捕者が出た時代があった。

それらが一つの契機となって、昭和47年（1972年）に警備業法が制定され、警備員の行う業務に規制が開始された。

特殊警備はその流れに沿って現在に至っているため、危険な目に遭うのは当然であるとの認識がある。したがって、高額警備料金を請求することも不思議ではない。現時点における具体的な特殊警備は、企業等が倒産して債権者が押し寄せてくるような場合や、その反対に債権を実力で押さえた債権者が、倒産した企業の攻撃から身を守る場合などが相当する。

さらに、時世を反映している変わった特殊警備の例として、結婚式場の警備や自殺防止、あるいは精神障碍者等の暴力行為を防止する業務などがあげられる。

特殊警備を実施する際の留意点は、次の通りである。

(1) 暴力団が関係する可能性が高いため、所轄の警察署とは密に連絡がとれるような状態を保っておく。

(2) 過剰防衛にならないよう、気をひきしめて常に冷静さを保つ。

(3) 関係した車両の特徴やナンバーを記録しておく。

(4) 暴力行為者があれば、その言動を記録しておく。

(5) 暴力行為や物品の収奪等が起きた場合には、その状況についてよく記憶するように努め、警察機関へ直ちに通報の上、現場保存に留意しなければならない。

なお、警備業務の区分が複数にまたがる特殊な警備業務が存在する。列車、航空機その他の交通機関に乗務し、乗客等による粗暴行為等の事故の発生を警戒し防止する業務は、警備業法第2条第1項第1号及び第4号の業務に該当する。近年では新幹線の殺傷事件発生をきっかけに警備業者による列車警乗（※公共交通機関においての警戒活動）が実施されており、今後も重要性を増していくと考えられる。

第5節　機械警備業務

機械警備業務とは、前述したように施設警備の範疇に入るものであるが、セキュリティに関するさまざまな機器を使用し、人手依存部分を極度に減らし、合理化を進め、警備業務のシステム化を図ったものである。

警備業法の施行時においては、さほど普及がみられていなかったが、業法改正の際には、機械警備業務の存在が改正の重要なポイントとなっていた。特に、誤報の問題が最大の懸案であり、セキュリティ機器が異状な状況をキャッチするたびに、警備業者は警察・消防へ通報連絡を行って、それが問題の原因となっていた。本当の事件か否かは、現場に警備員が到着して確認しない限り、わからないのが通常の形態だったからである。

そこで警察としては、誤報のたびに警察官等が出動することや、警察官が駆けつけても警備業者の警備員の到着が甚だしく遅かったり、あるいはまったく来ないという事例が起きることで、従来の有人形態の施設警備ではまったく考えられない場面に直面し、何らかの法的規制の必要性に迫られたわけである。

表9-3　防犯・防災用機器の種類

用途	名称	概要
防犯	マグネットスイッチ	窓や扉に設置し、開閉を検知する。磁力とリードスイッチの複合が一般的である。
	ガラス破壊センサー	ガラスの破壊を検知するセンサーで、窓やショーウィンドウ等のガラスに直接取り付けるものと、ガラスの直近に設置するものがある。
	振動センサー	振動、衝撃等で接点が開く機械式センサーで、壁、天井等の破壊を検出する。
	熱線センサー	空間に検知器を設置し、侵入者の体表面から放射されている遠赤外線エネルギーを検出する。
	赤外線センサー	空間に投受光器を設置し、不可視光線である赤外線が遮光されることによって物体の侵入を検知する。
	シャッターセンサー	シャッター等の大型扉の開閉を検知するセンサーで、赤外線式、マグネット式、機械式の三つの方式がある。
	超音波センサー	送波部から超音波を放射し、その反射波が侵入者により変化することで検知するもので、ドップラー式とパルスエコー式の二つの方式がある。
	電磁波センサー	電磁波を用いて、超音波と同様の作動原理により侵入者を検知する。
	電界センサー	フェンスに張り巡らせた電線に高周波の電流を流しておき、接近又は接触によって電界が変化することで侵入者を検知する。
	断線（トラップ）センサー	フェンスに張り巡らせた電線に電流を流しておき、侵入者が電線を切断したときに電流が断となることで検知する。また、電線を引っ張るなどの外圧がかかったときにその外圧を検出する方法のものもある。
	ループコイル	地中に埋設したループコイルに電流を流しておくと、車両等の金属物体が接近又は通過した場合にその電界が影響を受けて変化することから、電磁誘導係数の変化によって検知するものである。
	画像センサー	警戒域を監視するカメラの映像信号の、一定枠内の照度の変化で異常を検知し、カメラ自らが異常信号を発報するのが一般的である。
防災	熱感知器	温度上昇によって火災を感知する。急激な温度変化を感知する作動式と一定温度以上になったことを感知する低温式がある。
	煙感知器	周囲の空気が一定の濃度以上の煙を含むに至った時に作動する。煙によるイオン電流の変化により作動するイオン化式と光電素子の受光量の変化により作動する光電式がある。
	炎感知器	炎から放射される赤外線や紫外線の変化が一定の量以上になった時に作動する。赤外線式と紫外線式がある。
	ガス漏れ検知器	半導体（酸化錫）表面にガス分子が吸着したり、加熱した白金線でガスが燃焼した場合に、半導体や白金の電気抵抗が変化することを利用してガス漏れを検知する。

（出所）一般社団法人全国警備業協会『機械警備業務管理者講習教本』（12版）より作成

警備業法でいう機械警備業務は、あくまでも事故の発生に伴う即応体制が必要であり、契約内容と明らかに相違する不作為行為は警備業法違反となってしまうことを知っておく必要がある。警備員が現場で応急処置をとるだけのシステムがつくられなければ、機械警備業務は実質的に営めないものとなっているといえる。

機械警備業務で使用する機器は、大別すると3種類に分けられる。

（1）異状をキャッチするもの

人間の眼・耳・手・皮膚に相当するもので、警備対象区域内における状況の変化をキャッチし、侵入盗や火災の発生を正確に把握する機器類をいう（表9－3）。

具体的には、盗難対策として、赤外線、超音波、マグネット・スイッチ、ショック・センサー、リミット・スイッチ、熱線等々の各種センサーと、出入管理に伴うシステム錠や電気錠と、視覚でとらえる防犯カメラ・防犯モニター等の3種類群が使用されている。

(2) 異状を受信し、他へ送信するもの

通常、自動通報装置と呼ばれており、センサー類が異状をキャッチすると、即座にその内容を分析して、機械警備業者の基地局であるガードセンターや受信装置へ、通信回線を用いてその信号を自動通報する装置のことである。

(3) 信号を受信し、分析記録するもの

自動通報されるさまざまな信号を受信し、その内容を瞬時に分析表示して記録するとともに、ガードセンター指令員の判断補助を行う装置のことである。

機械警備業務は、社会の需要増大に伴ってさらに市場規模が拡大している。

機械警備業者は、基地局ごとに機械警備業務管理者を選任しなければならず、事故発生の信号を受信した場合には、25分以内に現場へ到着できる即応体制の整備が定められている。また、契約を締結する際には、即応体制を中心とした機械警備業務の内容を、文書で契約先に説明しなければならない。

法律で必要とされる書類は完備しておくことが必須条項になっていることを承知しておくべきである。

機械警備業者は、機械警備業務を行おうとするときは警備業法第40条（機械警備業務の届出）に定める通り、管轄する公安委員会に次の事項を記載した届出書を提出しなければならない。①氏名又は名称及び住所並びに法人にあっては、その代表者の氏名、②当該機械警備業務に係る基地局の名称及び所在地並びに機械警備業務管理者の氏名及び住所、③その他内閣府令で定める事項（主たる営業所の名称及び所在地と、認定証を交付した公安委員会の名称及び認定番号、基地局ごとの待機所の名称及び所在地、警備業務対象施設の所在する市町村あるいは指定都市における区の名称）となっている。

添付すべき書類について、内閣府令で定められた機械警備業務管理者に関する書類がある。①機械警備業務管理者資格者証の写し、②誠実に業務を行うことを誓約する書面、③履歴書、④住民票の写し、⑤市町村の長の証明書（身分証明書）、⑥心身機能の障害により警備業務を適正に行うことができない者及びアルコール・麻薬・覚醒剤等の中毒者でない旨の医師の診断書、⑦未成年・破産手続開始の決定を受けて復権を得ない・一定の前科のある者・警備業法違反を最近5年間におかした者・暴力団関係者・心身機能の障害により警備業務を適正に行うことができない者・アルコール及び麻薬等の中毒者・資格者証の返納を命じられ3年を経過していない者、これらのいずれにも該当しないことを誓約する書面、となっている。

一　事業所向けの機械警備

機械警備は、その対象施設の性格により、事業所向けと一般家庭向けとに分けられる。

機械警備業務での重要課題は、「誤報対策」である。ユーザーの理解不足による誤発報と警備業者の問題による誤発報が、機械警備の生命とさえ言える「即応体制」に暗雲をなげかけている。

さらに問題となっているものに、専従警備員1人当たりの対象施設数（指数）である。平成29年（2017年）末の専従警備員1人当たりの対象施設数（指数）を104とすると、これが令和3年（2021年）末には121となっている。年々増加する一方の専従警備員1人当たりの対象施設数（指数）に、機械警備業者は即応体制の見直しを余儀なくされ、経営上の大きな関門となっている。

二　一般家庭向けの機械警備

一般家庭向けの機械警備とは、いわゆるホーム・セキュリティと考えてよい。

近年とみに社会情勢の変化が著しい。治安の悪化・少子高齢化・特殊詐欺（オレオレ詐欺等）や外国人犯罪をはじめ、個人が自らを守らなければならない要素が拡大し、警備業者の提供するホーム・セキュリティサービスは一般家庭に浸透したと言える。

ホーム・セキュリティの契約については特定商取引法のクーリング・オフの対象となるため、契約後8日以内であれば契約解除することができる。

三　機械警備業務の運用

警備業者が機械警備業務を行うにあたり、警備業法第42条及び警備業法施行規則第60条に機械警備業務管理者を選任しなければならないとされているが、機械警備業務の要となる機械警備業務管理者の業務は、警備業法第42条及び警備業法施行規則第61条で次の五つが規定されている。

①警備業務用機械装置による警備業務対象施設の警戒、警備業務用機械装置の維持管理その他の警備業務用機械装置の運用を円滑に行うための計画を作成し、その計画に基づき警備業務用機械装置の運用を行うように警備員その他の者を監督すること。

②指令業務に関する基準を作成し、その基準により指令業務を統制するため指令業務に従事する警備員を指導すること。

③警備員に対し、警察機関への連絡について指導を行うこと。

④警備業法第44条に規定する書類の記載について監督すること。

⑤機械警備業務の管理について機械警備業者に必要な助言をすること。

これらの業務をみればわかるように、機械警備業務管理者は基地局における業務を中心に、機械警備業務全般について統括することとなる。中でも④については、施設警備業務や交通誘導警備業務では求められていない多くの書類を備え付ける必要があり、警備業法を遵守するためには重要である。

警備業法第44条及び警備業法施行規則第64条には、基地局に備え付けなければならない書類及び記載事項が次の通り規定されている。

①待機所ごとに、配置する警備員の氏名
②警備業務対象施設の名称及び所在地
③基地局及び待機所の位置並びに待機所ごとの警備業務対象施設の所在する地域（地図上に記載するものとする）
④待機所ごとに、市町村の区域（指定都市にあっては、区の区域）ごとの警備業務対象施設の数
⑤警備業務対象施設ごとに、待機所から警備業務対象施設までの路程及び基地局において盗難等の事故の発生に関する情報を受信した場合にその受信の時から警備員が現場に到着する時までに通常要する時間
⑥待機所ごとに、配置する車両その他の装備の種類ごとの数量
⑦盗難等の事故の発生に関する情報を受信した日時、その情報に係る警備業務対象施設の名称及び所在地並びにその情報に応じて講じた措置及びその結果（その情報に応じて警備員を現場に向かわせた場合にあっては、当該受信の時から警備員が現場に到着する時までに要した時間を含む）

以上の書類を適正に記載管理することが、警備業務対象施設から異状信号を受信した際の現場対応の迅速化に繋がるものとなる。その結果、現場で発生した事件や事故の早期解決を図ることができる。

第6節　非常事態に備えて

警備業者は、日頃から異状な状況に遭遇した場合を想定して、教育訓練を実施することにより、身体にその対応方法を覚え込ませるようにする必要がある。

非常事態には、人的災害と自然災害により生ずるものがあり、警備業者が特に留意しなければならないのは、火災・盗難など人的理由によって生じるものについてである。地震や津波・山津波、さらには台風等の風水害への対処方法については、知識だけでなく、実務としての心構えと準備が必要である。

一　緊急通報

警備業者として必要なことは、事件や事故が発生した際の警察通報の仕方である。

110番通報をすると、話が終了し通報者が電話をおいても、受信側が電話を切らない限り繋がったままである。また、通報は各都道府県において、各警察本部通信指令部門へ集中してかか

六何の原則 5W1H	
When	いつ
Where	どこで
Who	誰が
What	何を
Why	なぜ
How	どのようにして

る。県境では隣接都道府県に繋がったり、地元の警察署へかかると思い込んでいる人が多く、通報時の会話が噛み合わないことが生じ、注意しなければならない。

したがって、通報時の注意点として、六何の原則「5W1H」による簡潔明瞭な通報が最も効果的である。

（通報例）事件が発生した場合。

警察官：「はい、110番警察です。事件ですか？　事故ですか？」
通報者：「事件で自動車が盗まれました」
警察官：「発生時間はいつですか？」
通報者：「午後10時30分頃です」
警察官：「場所はどこですか？」
通報者：「○○市○○町でコンビニ『○○○○』の駐車場です」
警察官：「はいわかりました。すぐパトカーを向けます」
「盗難にあったのはどなたの自動車ですか？　ナンバーと特徴を教えてください」
通報者：「私の自動車でナンバーは○○○○で、シルバー色の乗用車です」
警察官：「犯人の特徴はわかりますか？」

通報者：「犯人は○○歳ぐらいの男で、○色の上着にジーンズをはいています」
警察官：「逃走方向はわかりますか」
通報者：「コンビニから○○方面に逃走しました」
警察官：「わかりました。あなたの住所と名前、連絡先電話番号を教えてください」
通報者：「はい。名前は○○です。住所は○○市○○町○○。連絡先は○○です」
警察官：「警察官が間もなく到着しますので、到着したら合図をしてください」
通報者：「わかりました」

１１０番通報をすることにより、各種犯罪者を逮捕する確率は非常に高まる。警備業者は警備員に対し、１１０番の重要性についてよく教育し、また実際に訓練して、非常事態時に適切な１１０番通報ができるようにしておく必要がある。

また、警察庁のＨＰ（生活安全局）によると、スマートフォンを活用した「１１０番アプリシステム」がある。ＧＰＳの位置情報や写真の送付ができ、聴覚に障碍のある方、音声による１１０番通報が困難な状況にある方も通報が可能になる。

１１９番通報の際に特に留意することは、火災の場合であれば、１秒ごとに火災は燃え広がっていくのであり、同様に煙の拡散や怪我により人は生命の危機に瀕していくという意味を、よく理解させ初期対応に誤りのないよう教育をしなければならない（図９－５）。警備員が１１９番通報をする場合、意外に気が動転してしまい、契約先や警備業者への一報が遅れてしまうことがあるので、冷静に対応できるよう指導と訓練を繰り返す必要がある。

全警協が令和3年3月に発行している『特別講習教本施設警備業務2級』に掲載されている「火災が発生した場合」の通報例は次の通りである。

消防官：「はい、消防です。火事ですか？　救急ですか？」
警備員：「火事です」
消防官：「場所はどこですか？」
警備員：「国道○号線、○○交差点角のアパートです」
消防官：「何が燃えていますか？」
警備員：「2階建てアパートの2階、東角の部屋が燃えています」
消防官：「逃げ遅れた人はいますか？」
警備員：「アパート内には誰もいないとのことですが、未確認です」

図9-5　建物火災の死因別死者発生状況（令和元年中）

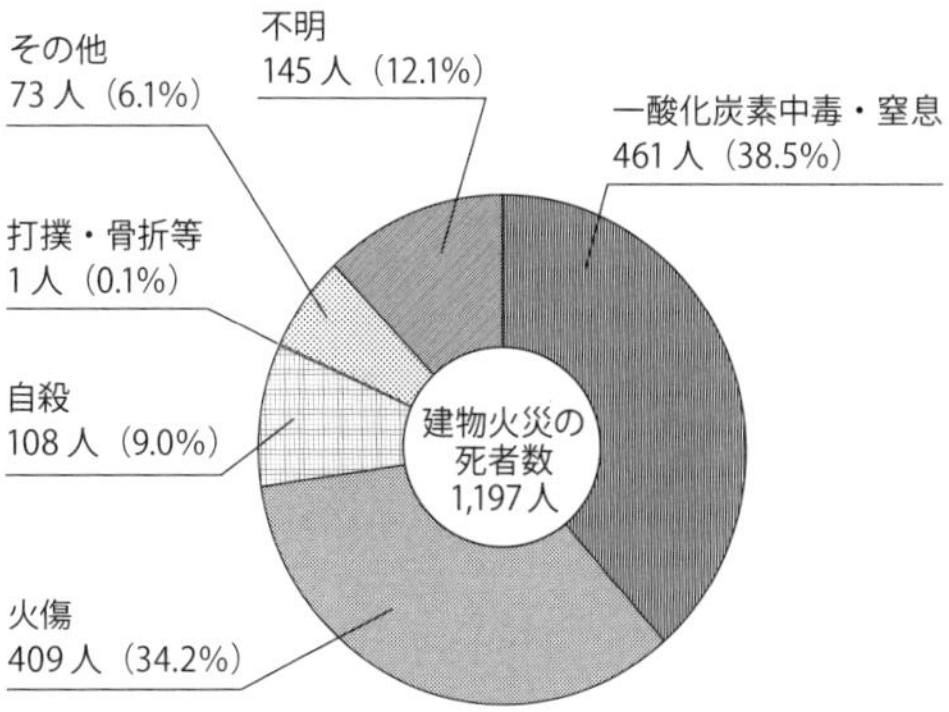

（出所）『消防白書』（令和2年版）、p.63

消防官：「あなたの名前と今かけている電話の番号を教えてください」
警備員：「私は、付近の○○ビルで施設警備業務に従事している○○警備の○○です。電話番号は○○です」

二　防犯訓練と防犯診断

警備業務では依頼者からの安全・安心の提供を目的とした業務の性格上、警備業者は所属する警備員に対し護身術や不審者（不審物・不審車両）に対する対応要領等を高度なレベルで教育している。

このノウハウを活かし、契約先向けに防犯訓練を実施することで、警備業務への理解がさらに深まることが期待できる。警備業務の効果を最大限発揮するためには、契約先の協力も重要な要素であり、警備業者は防犯訓練を積極的に提案していくことが望ましい。

防犯診断は、警備業務のプランニングの際に行うが、警備対象の状況や設備機器は年々進化しているので、依頼者側に機器類の情報提供や実際の設備点検など、定期的な防犯診断を行うべきである。

全警協には、セキュリティプランニングを提案・実行できる「セキュリティ・プランナー資格」「セキュリティ・コンサルタント資格」や、公益社団法人日本防犯設備協会が発行する「防犯設備士」等の資格を積極的に取得し、より良い警備業務の提供に努める必要がある。

図 9-6　予測活動限界時間の概念図

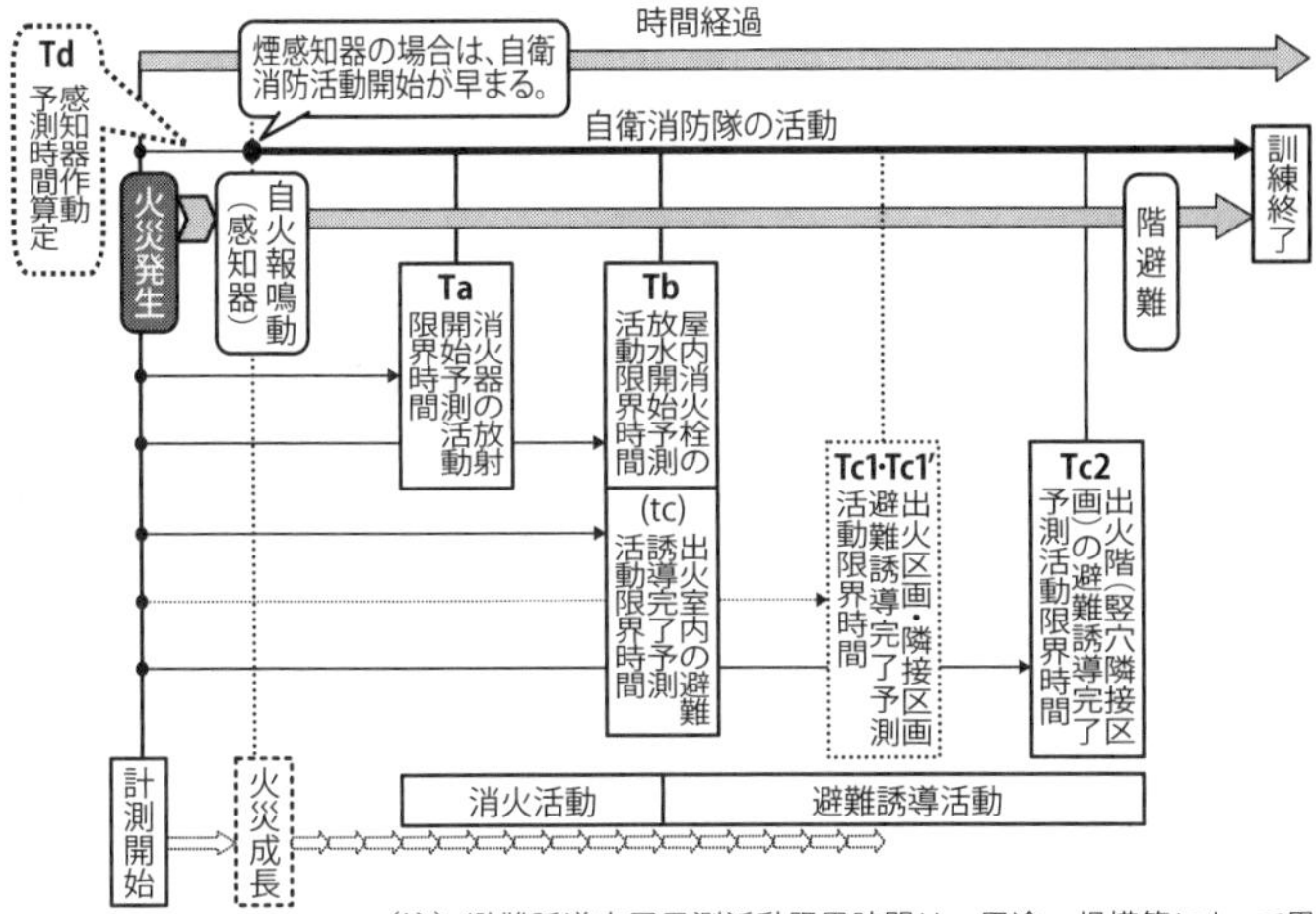

（注）避難誘導完了予測活動限界時間は、用途・規模等によって異なる
（出所）東京消防庁 HP「予測活動限界時間を活用した自衛消防訓練実施基準」（令和４年）

三　避難誘導の方法

避難誘導といえば、通常火災が発生した場合、どのような対応をするのが最良であるのかが対象とされる。

警備業者は、防火管理者の計画した避難誘導計画に従って行動することが肝要である。

火災が発生して、避難しないと危険であると判断される時間は2分～20分（東京消防庁・予測活動限界時間（図９－６）を活用した自衛消防訓練実施基準）で、この時間内に避難が終了しなければ、生命が危険な状態になるとされている。

避難誘導の基本的な事柄については、『警備員指導教育責任者講習教本Ｉ基本編』（全警協、令和2年発行）によると次の通りである。

図 9-7　多言語化・視覚化に有効なツール

（出所）消防庁「外国人来訪者や障害者等の安全な避難誘導のために。——2020 年に向けて火災や地震発生時の自衛消防体制はできていますか？」、p.7

(1)　組織の確立と警備員の配置

避難誘導の際の組織、連絡系統を確立するとともに、建物内部に詳しい警備員を誘導係に当て、次の活動を行わせるようにする。

㈠避難者を誘導する。

㈡非常口を開放し、誘導する。

㈢避難器具を操作し、誘導する。

(2)　避難誘導の基本事項

㈠地上へ避難させる。

㈡火災階及び直上階を最優先にする。

㈢屋内外避難階段、避難橋等安全で、かつ多数の者が避難可能な施設を利用する。

㈣避難器具は他に避難する手段がない場合に使用する。

㈤エレベータは、原則として使用しない。

㈥多人数の場合は、努めて人員を分割して混乱の防止を図り、危険な場所にいる者が早く避難できるようにする。

㈦拡声器、メガホン等を十分に活用し、避難者に火災の状況を知らせてパニックの防止に努める。

警備業者は警備員に対し、火災時の避難する経路について、より早くより安全に避難させるため、所定の避難警報・避難方法を活用するとともに、最新のデジタル機器を活用した警報を扱えるよう依頼者側と協議するよう連絡を密にしておく必要がある（図9－7）。

また、雑踏警備の避難誘導については群集心理の問題があり、パニック化させないことが重要で、警備員自ら沈着冷静な誘導が必要であり、実際の訓練において適切な避難誘導が行えるようイメージトレーニングを積んでおくことが重要である。

四　救急法・護身術

救急法とは、急病人・怪我人が発生した場合、救急車や医師が到着するまでの間に悪化させないよう応急手当を加えるものである。

『消防白書』（令和2年度版）の「救急隊員が行った応急処置等の状況」によると、令和元年（2019年）の応急処置等対象搬送人員は約596万人である（表9－4）。

救命曲線をみると、その現場に居合わせた人が救命処置をした場合と救急車が来るまで何もしなかった場合の命が助かる可能性は、応急手当が救命のチャンスを高めることが歴然としている

表 9-4　救急隊員が行った応急処置等の状況（令和元年中）

（単位：人／(%)）

事故種別		急病	交通事故	一般負傷	その他	合計
応急処置等対象搬送人員		3,918,211	410,180	923,754	712,805	5,964,950
応急処置等項目	止血	20,240 (0.1)	19,367 (1.2)	78,408 (2.3)	16,239 (0.6)	134,254 (0.6)
	被覆	18,727 (0.1)	71,961 (4.5)	193,255 (5.7)	34,423 (1.3)	318,366 (1.4)
	固定	31,536 (0.2)	164,217 (10.3)	154,787 (4.6)	42,440 (1.6)	392,980 (1.7)
	保温	1,060,858 (6.9)	74,853 (4.7)	222,627 (6.6)	171,969 (6.4)	1,530,307 (6.6)
	酸素吸入	768,913 (5.0)	28,207 (1.8)	51,679 (1.5)	188,302 (7.0)	1,037,101 (4.5)
	人工呼吸	32,467 (0.2)	748 (0.0)	3,230 (0.1)	4,715 (0.2)	41,160 (0.2)
	胸骨圧迫	9,796 (0.1)	289 (0.0)	1,081 (0.0)	1,107 (0.0)	12,273 (0.1)
	※うち自動式心マッサージ器	3,246	56	384	280	3,966
	心肺蘇生	97,734 (0.6)	2,501 (0.2)	10,444 (0.3)	10,481 (0.4)	121,160 (0.5)
	※うち自動式心マッサージ器	15,426	278	1,649	1,358	18,711
	※在宅療法継続	40,822 (0.3)	279 (0.0)	3,696 (0.1)	3,889 (0.1)	48,686 (0.2)
	※ショックパンツ	39 (0.0)	6 (0.0)	7 (0.0)	4 (0.0)	56 (0.0)
	※血圧測定	3,699,632 (24.1)	398,147 (25.0)	872,464 (25.7)	668,946 (24.9)	5,639,189 (24.5)
	※心音・呼吸音聴取	1,230,335 (8.0)	124,765 (7.8)	173,889 (5.1)	153,225 (5.7)	1,682,214 (7.3)
	※血中酸素飽和度測定	3,811,586 (24.8)	403,667 (25.4)	903,330 (26.6)	695,374 (25.8)	5,813,957 (25.2)
	※心電図測定	2,380,567 (15.5)	117,729 (7.4)	299,815 (8.8)	353,791 (13.2)	3,151,902 (13.7)
	気道確保	160,371 (1.0)	4,123 (0.3)	15,900 (0.5)	18,085 (0.7)	198,479 (0.9)
	※うち経鼻エアウェイ	7,069	87	637	894	8,687
	※うち喉頭鏡、鉗子等	5,680	103	2,939	460	9,182
	※うちラリンゲアルマスク等	34,947	656	2,794	2,370	40,767
	※うち気管挿管	6,626	108	2,213	775	9,722
	※除細動	10,895 (0.1)	155 (0.0)	398 (0.0)	716 (0.0)	12,164 (0.1)
	※静脈路確保	62,117 (0.4)	2,000 (0.1)	6,039 (0.2)	4,622 (0.2)	74,778 (0.3)
	うちCPA前	22,442	1,207	1,445	1,279	26,373
	うちCPA後	39,677	793	4,595	3,344	48,409
	※薬剤投与	26,779 (0.2)	630 (0.0)	3,144 (0.1)	2,346 (0.1)	32,899 (0.1)
	※血糖測定	58,961 (0.4)	498 (0.0)	1,570 (0.0)	1,044 (0.0)	62,073 (0.3)
	※ブドウ糖投与	8,887 (0.1)	19 (0.0)	30 (0.0)	52 (0.0)	8,988 (0.0)
	※自己注射が可能なアドレナリン製剤	217 (0.0)	10 (0.0)	34 (0.0)	23 (0.0)	284 (0.0)
	その他の処置	1,826,948 (11.9)	176,381 (11.1)	400,826 (11.8)	318,436 (11.8)	2,722,591 (11.8)
合計		15,358,427 (100)	1,590,552 (100)	3,396,653 (100)	2,690,229 (100)	23,035,861 (100)
拡大された応急処置等		11,403,831	1,049,193	2,275,032	1,890,169	16,618,225

（注）※は平成３年以降に拡大された応急処置等の項目である
（出所）『消防白書』（令和２年度版）、p.195

（図９－８）。

警備員が自らその現場に遭遇した場合、応急措置的な救急法を体得しておくことが必要であり、警備業者は講習に積極的に参加させるなど配意しなければならない。

警備員の行う護身術は、警備業務の際、犯人から攻撃等を受けた場合に、自身の受ける被害を最小限にとどめるために行う技である。しかし、護身術は身を護ることであり、相手を制圧、撃退することだけではない。危険な状況をつくらないことや、危険な状況からいち早く遠ざかることが含まれていることを忘れてはならない。

具体的な護身術の基本技術はさまざまであるが、警備員が習得すべき基本の知識を紹介する。

図9-8　救命曲線

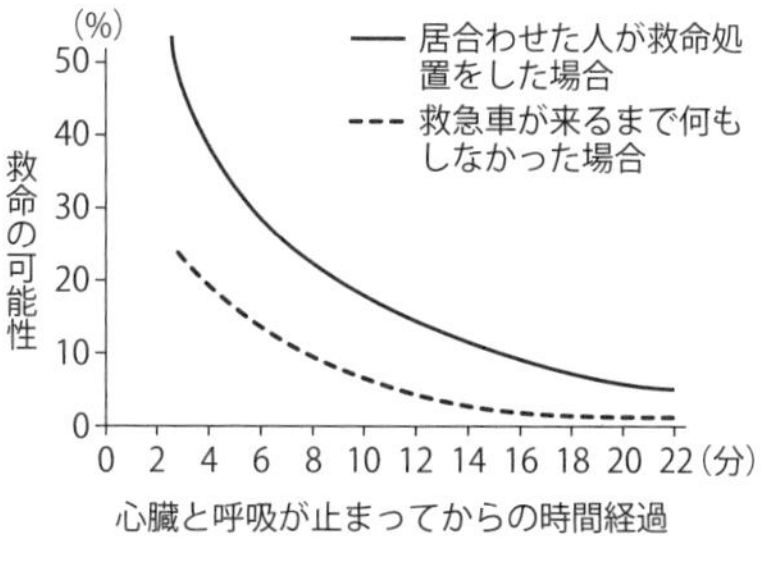

（出所）東京法令出版『応急手当講習テキスト（改訂第3版）』

(1)　護身用具を使用しない場合

護身用具を携帯していない場合や、取り出す余裕がない状況のときは、素手で防御に当たることがある。

(一)構え……正面の構え・左の構え・右の構えがある。

(二)体さばき……前さばき・後ろさばきがある。

(三)離脱技……肘よせ・片手内回し・片手外回し・体沈め・突き離しがある。

護身術を実践する場合、すでに危険な状況に身を置き、先制攻撃を受ける立場にある。どんなに体格の良い人でも、急に襲われれば痛みを感じるし怪我もする。武器を使用されたら命を落とす危険もある。身を護る、攻撃を受け流す動作は、少しの訓練や頭でわかっているだけでは、現実は対応ができない。日々の鍛錬を重ねることが、相手の威圧にも怯まない精神を鍛え、いざという時に体が反応し防衛できる手段と言える。

⑵ 警戒棒を使用した護身術

㈠構え……下段の構え・中段の構え・両手の構えがある。
㈡警戒棒打ち……下段打ち・中段打ち・両手打ちがある。

基本的には殺傷力の低い護身用具として使われるが、扱い方によっては相手を死傷しかねない武器にもなる。また、業務以外で正当な理由なくみだりに携行すると、軽犯罪法違反として取締り対象となるので取扱いには十分な注意が必要である。日本の警備員は、法的に一般私人と同等であり、いかなる特別な権限も有していないため、使用にあたっては正当防衛や緊急避難が成立する場合に限られる。

警戒棒の所持できる警備業務としては、施設警備業務・機械警備業務・核燃料物質等危険物運搬警備業務・貴重品運搬警備業務・身辺警備業務など、その業務上使用する機会に遭遇する可能性が高いことから携帯が許されるが、交通誘導警備業務・雑踏警備業務に従事する場合は、その必要性が極めて低いことから携帯は許されない。

(3) 警戒じょうを使用した護身術

㈠防護操法……常の構え・本手の構え・逆手の構え・引き落としの構え・縦じょうの構えがある。

㈡基本操作方法……本手打ち・逆手打ち・引き落とし打ち・返し突き・逆手突き・巻き落としなどがある。

警備業においても警備業法第17条に基づき、条件付きながらも警戒じょうを装備できることになった。現実的な使用制限、目的は警戒棒と同様であるが、全長の長さ・重量で異なる。

警戒じょうの用途は生命・身体・財産等に著しい被害や支障が生じるおそれのある施設警備業務・貴重品運搬警備業務・核燃料物質等危険物運搬警備業務・機械警備業務の一部等で活用されている。

(4) 刺股を使用した護身術

㈠構え……上段の構え・中段の構え・下段の構えがある。

㈡単独制圧……腕押さえ・胸押さえ・袈裟押さえ・胴押さえ・ひざ押さえ・片足刈りがある。

江戸時代に犯罪者を捕縛するための道具として使用されていたものが発展し活用されている。

平成13年（2001年）に大阪教育大学附属池田小学校における児童殺傷事件が発生し、学校施設の防衛力強化器具として着目され、軽量化したアルミや強化プラスチックの刺股が導入された。

警備業法の改正により警備業も刺股の携帯及び使用が可能となっている。

学校施設でも不審者侵入を想定した防犯訓練等を行っており、警備業もその訓練に指導者として参加する機会があるため、取り扱い方法を学んでおく必要がある。

取り扱い上で注意しなければならないことは、刺股だけで制圧することは体力差により困難な場合がある。威嚇と撃退を重点に行い、数の上で優位に立った際には壁等に押さえつけて制圧することが安全な活用方法である。

(5) 非金属性の楯を使用した護身術

(一)構え……正面の構え・下段の構え・中段の構え・上段の構えがある。
(二)受け……下段受け・中段受け・上段受けがある。
古代から楯は防御の象徴として用いられており、近年、警備業も防御対策として警備業法の改正により警戒じょうの使用条件と同様に、生命・身体・財産等に著しい被害や支障が生じるおそれのある業務で使用が可能となった。相手と対峙する場合、楯を所持している際には相手の攻撃を一時的に防御できるという楯への心理的な安心感が生じ、次の取るべき行動に余裕を持って準備できることになる。

(6) 護身用具の基本的使用方法

自己流で護身用具の使用方法を体得した場合、警備現場で活用すると大きな問題となることが多い。前述したとおり使用方法によっては相手に危害を加える可能性があり、過剰防衛や一方的な犯罪として捉えられる場合がある。護身用具の基本的な使用方法については、全警協で発行しているテキストや教本、ＤＶＤ等を活用して指導することが基本であろう。また、一般社団法人警備員特別講習事業センターが警備に関する検定講習を運営しており、そこで実技に関する講習が行われる。

この他にも、実践的な護身術を学ぶのであれば、各地域で開業している護身術教室等での指導を受けることも一方策である。

警備業務を安全かつ適正に行うため、基本に則った反復・継続した訓練が必要である。

第10章 警備の料金

警備料金は、ユーザー側からみるとわかりにくいようである。警備業界に明確な価格体系がなく、はっきり統一された料金の算出方法が確立されていないことが、その理由の最たるものであろう。現時点では、警備料金の論拠となるものは、労務供給をベースとした算出根拠が中心となっており、どれだけの時間や期間を何人で警備したかで説明しているようである。依頼主も警備員の質について言及することは比較的少なく、高ければ高いなりに、安ければ安いなりに納得しているかにみえる。しかし、警備料金は低賃金の警備員により支えられていることは、知られているようでいて、一般ユーザーには知られていない。警備業界は警備料金の体系を確立すべき時期に来たと言える。

第1節 原価計算のとらえ方

警備業の原価をとらえるときに、間違えやすいことがある。

御社は何人の従業員がいますかと聞かれたとき、頭に浮かぶのは現場で勤務している警備員数と、会社に通ってくる営業社員や経理等の事務ベースの仕事をする社員数を足した合計数であろう。

ここで肝心なことは、現場で直接業務に従事している警備員の科目を変動費に入れ、毎月、月次決算を行い現在の状態を常に把握しておくことである。しかし、原価計算をする際の問題は、公表されている数字が非常に少ないことである。

警備業者個々が把握しているデータは限られている上に、業界特有の秘密主義が禍いして実態の把握がされにくい。わずかに日本政策金融公庫・株式会社ＴＫＣ等に必要資料がある。または、株式を公開している警備業者を参考にすることもよいと思われる。

第2節　標準料金試算表の紹介

公表されている標準料金はあまりに少ないので、令和４年（２０２２年）に国土交通省が公表している「令和４年度建築保全業務労務単価」（表10－１）と、「令和４年３月から適用する公

表 10-1　令和 4 年度建築保全業務労務単価（日割基礎単価）

（単位：円／日）

地区	保全技師・保全技術員等日割基礎単価						清掃員日割基礎単価			警備員日割基礎単価		
	保全技師Ⅰ	保全技師Ⅱ	保全技師Ⅲ	保全技師補	保全技術員	保全技術員補	掃清掃員 A	清掃員 B	清掃員 C	警備員 A	警備員 B	警備員 C
北海道	21,200	20,000	21,600	17,800	17,100	14,700	13.700	10,900	9,900	14,200	12,100	10,700
宮　城	21,400	20,200	21,800	17,900	17,200	14,900	13,100	10,500	9,600	13,900	11,800	10,500
東　京	25,200	23,800	25,600	21,100	20,200	17.500	17,200	13,700	12,600	17,200	14,700	13,000
新　潟	22,700	21,500	23,100	18.900	18,200	15,800	13,700	10,900	10,000	13,900	11,900	10,500
愛　知	25,000	23,600	25,400	20,900	20,100	17,400	15,000	12,000	10,900	15,800	13,500	11,900
大　阪	23,600	22,300	24,000	19,800	18.900	16,300	15,900	12,600	11,500	15,400	13,200	11,600
広　島	22,400	21,100	22,800	18,700	18,000	15,600	14,000	11,100	10,200	15,200	12,900	11,500
香　川	23,000	21,800	23,400	19,200	18,400	15,900	12,900	10,400	9,400	15,600	13,300	11,800
福　岡	21,300	20,100	21,700	17,800	17,100	14,800	13,700	10,900	10,000	13,100	11,300	9,900
沖　縄	19.400	18,300	19,700	16,100	15,500	13,400	13,100	10,500	9,600	11,800	10,000	8,900

（出所）官庁営繕部計画課「令和 4 年度建築保全業務労務単価について」（令和 3 年 12 月 10 日）

表 10-2　令和４年３月から適用する公共工事設計労務単価

（単位：円）

地方連絡協議会名	都道府県名	サッシ工	屋根ふき工	内装工	ガラス工	建具工	ダクト工	保温工	設備機械工	交通誘導警備員 A	交通誘導警備員 B
北海道	01 北海道	25,800		25,100	〈22,100〉		21,400	24,200	23,600	15,200	12,600
東　北	02 青森県	27,700		24,700	〈23,300〉	22,700	20,400	22,700	22,900	14,100	12,100
	03 岩手県	27,700		24,900	〈23,400〉	22,700	20,600	22,600	22,700	(15,000)	(12,800)
	04 宮城県	29,800		27,200	〈23,000〉	22,700	21,100	22,600	22,700	(16,400)	(13,700)
	05 秋田県	28,100		24,900	〈23,300〉	22,700	20,500	22,700	22,900	14,200	12,000
	06 山形県	27,500		26,300	〈23,300〉	22,100	21,900	22,700	22,900	16,100	13,500
	07 福島県	28,100		27,100	〈23,300〉	23,500	21,500	22,700	22,700	(16,400)	(13,700)
関　東	08 茨城県	26,800		〈28,100〉	26,300		23,400	23,100	23,300	15,500	14,100
	09 栃木県	26,900		〈28,700〉	26,300		23,200	23,100	23,300	15,100	13,100
	10 群馬県	26,000		〈27,800〉	26,300	〈24,400〉	22,400	23,100	23,300	14,400	12,700
	11 埼玉県	26,500		〈28,300〉	26,400		23,800	23,100	23,300	15,400	13,700
	12 千葉県	26,600		〈27,800〉	26,400		23,400	23,100	23,300	15,800	13,800
	13 東京都	26,700		〈28,000〉	26,400		23,800	23,100	23,300	16,400	14,200
	14 神奈川県	26,300		〈28,500〉	26,400	〈24,300〉	23,000	23,100	23,300	16,300	14,200
	19 山梨県	26,500		〈28,700〉	26,400	〈24,300〉	22,900	23,100	23,300	14,900	13,100
	20 長野県	25,700		〈27,500〉	26,700	〈24,500〉	22,500	23,100	23,300	13,700	11,700
北　陸	15 新潟県	29,100		26,100	23,900	〈20,500〉	21,200	23,100	24,100	15,300	13,000
	16 富山県	28,200		26,000	23,900	〈20,300〉	21,700	23,100	24,100	15,200	13,500
	17 石川県	27,700		25,200	23,900	〈19,900〉	21,800	23,100	24,100	15,700	13,300
中　部	21 岐阜県	28,000		26,300	26,900	23,900	21,700	25,800	25,400	15,200	13,600
	22 静岡県	27,700		32,900	26,900	23,900	23,200	25,700	25,400	15,800	13,500
	23 愛知県	27,600		29,600	26,900	23,900	21,900	25,700	25,400	16,300	13,800
	24 三重県	28,300		29,700	26,900		22,800	25,800	25,400	15,500	13,200
近　畿	18 福井県	23,500		24,900	23,400	22,300	20,700	23,900	23,100	14,400	12,800
	25 滋賀県	25,500		25,300	23,300		21,600	24,400	24,100	13,800	11,900
	26 京都府	25,500		25,500	23,300		21,900	24,100	23,900	14,000	11,500
	27 大阪府	25,000		25,500	23,300		21,200	23,900	23,600	13,700	12,100
	28 兵庫県	25,000	24,000	25,500	23,300		21,000	24,000	23,600	14,100	11,900
	29 奈良県	25,500		25,600	23,300		22,200	24,400	23,500	14,200	12,000
	30 和歌山県	25,200		25,500	23,300		21,900	24,100	23,300	13,700	11,900
中　国	31 鳥取県	20,600		〈22,300〉	21,400	18,300	20,300	〈20,600〉	21,300	14,700	11,300
	32 島根県	20,500		〈21,800〉	21,400	18,300	20,400	〈20,600〉	21,300	14,700	12,100
	33 岡山県	20,500		〈22,700〉	21,400	18,300	20,500	〈20,600〉	21,300	15,100	12,700
	34 広島県	20,500		〈21,700〉	21,400	18,300	20,200	〈20,600〉	21,300	15,100	12,500
	35 山口県	20,500		〈22,000〉	21,400	18,300	20,200	〈20,600〉	21,300	14,900	12,000
四　国	36 徳島県				21,600		〈19,600〉		〈22,000〉	13,900	12,600
	37 香川県				21,600		〈19,600〉		〈22,000〉	14,000	12,700
	38 愛媛県				21,600		〈19,600〉		〈22,000〉	13,400	11,500
	39 高知県				21,600		〈19,600〉		〈22,000〉	12,700	10,900
九　州	40 福岡県			24,700	23,500		20,600	22,400	24,200	14,600	12,800
	41 佐賀県			24,700	23,500		20,300	22,400	24,500	14,500	12,600
	42 長崎県			25,700	23,600		20,600	22,400	24,600	14,700	13,400
	43 熊本県			24,800	23,700		20,300	22,400	24,200	14,200	12,200
	44 大分県			24,700	23,500		20,700	22,400	24,200	14,500	11,600
	45 宮崎県			24,600	23,500		20,600	22,400	24,100	14,500	11,300
	46 鹿児島県			24,300	23,600		20,400	22,400	24,100	15,500	13,100
沖　縄	47 沖縄県			21,200	22,900		18,000		21,500	13,600	11,300

（注）１ 岩手県、宮城県、福島県における（　）は、入札不調の発生状況等に応じた単価を採用している
　　　２〈　〉は、新型コロナウイルス感染症の影響下であることを踏まえて、特別措置を適用した単価を示している

（出所）不動産・建設経済局 建設市場整備課「令和４年３月から適用する公共工事設計労務単価について」（令和４年２月18日）より作成

図10-1　最低賃金の推移

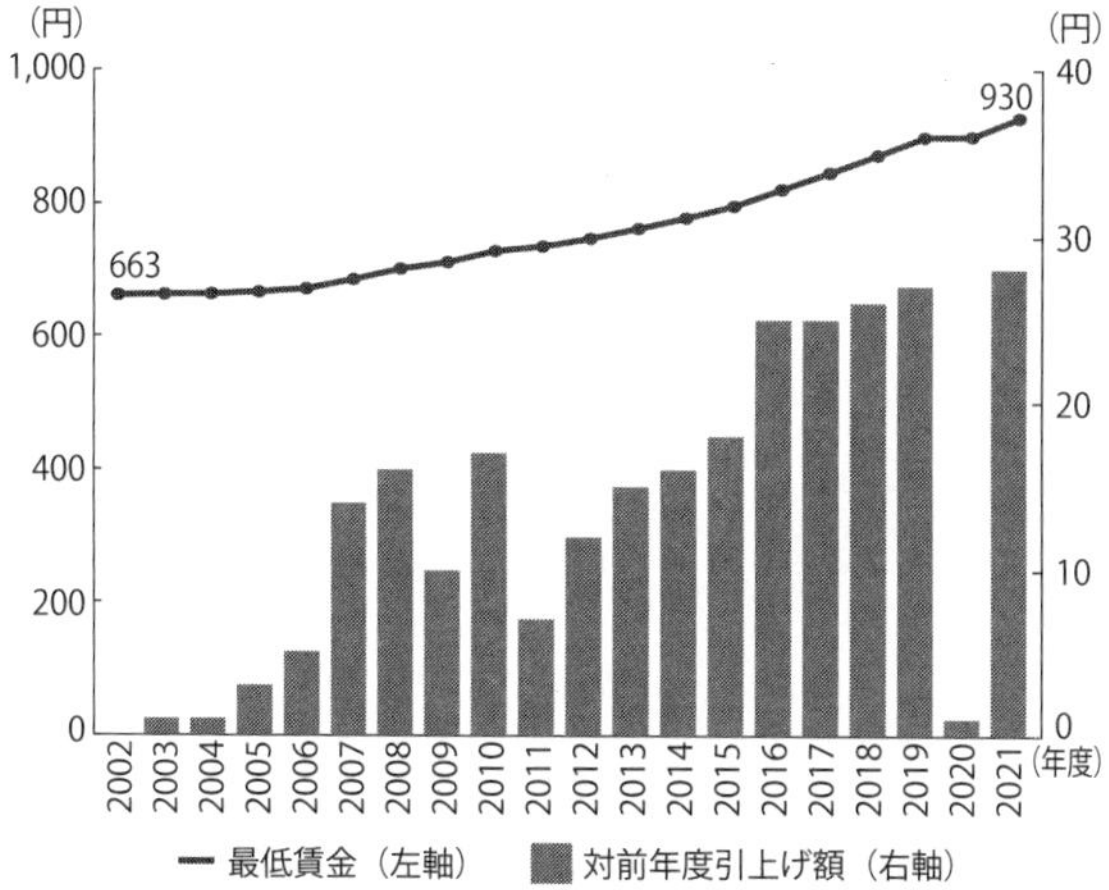

資料：厚生労働省「地域別最低賃金の全国一覧」

（出所）『中小企業白書』（2022年版）、p.Ⅰ-76

共工事設計労務単価」（表10－2）を紹介する。

どちらの労務単価にも法定福利費（社会保険料等）や研修費、管理費等は含まれていないため、実際の警備料金は各社のサービスや地域にもよるが、割り増しされた金額になる。

警備料金は、最低賃金（図10－1）や保険料率の上昇（図10－2）、交通費にかかるガソリンの高騰、また働き方改革や労務時間の制限、有給休暇の義務取得など社会情勢などによって結果的に年々高騰する影響を受けている。

近年では、令和元年（2019年）末に報告され、世界中に広がった新型コロナウイルス感染症に伴う経済の不況（図10－3）や、令和4年（2022年）にロシアがウクライナに軍事侵攻を開始したことが要因で、世界的に物流が停滞して原材料が高騰し商品価格が上昇している（図10－4）。

これが日本経済に大きく影響し、各方面で管理コストに影響を与えている。

図 10-2　社会保障財源の推移（社会保険料の高騰）

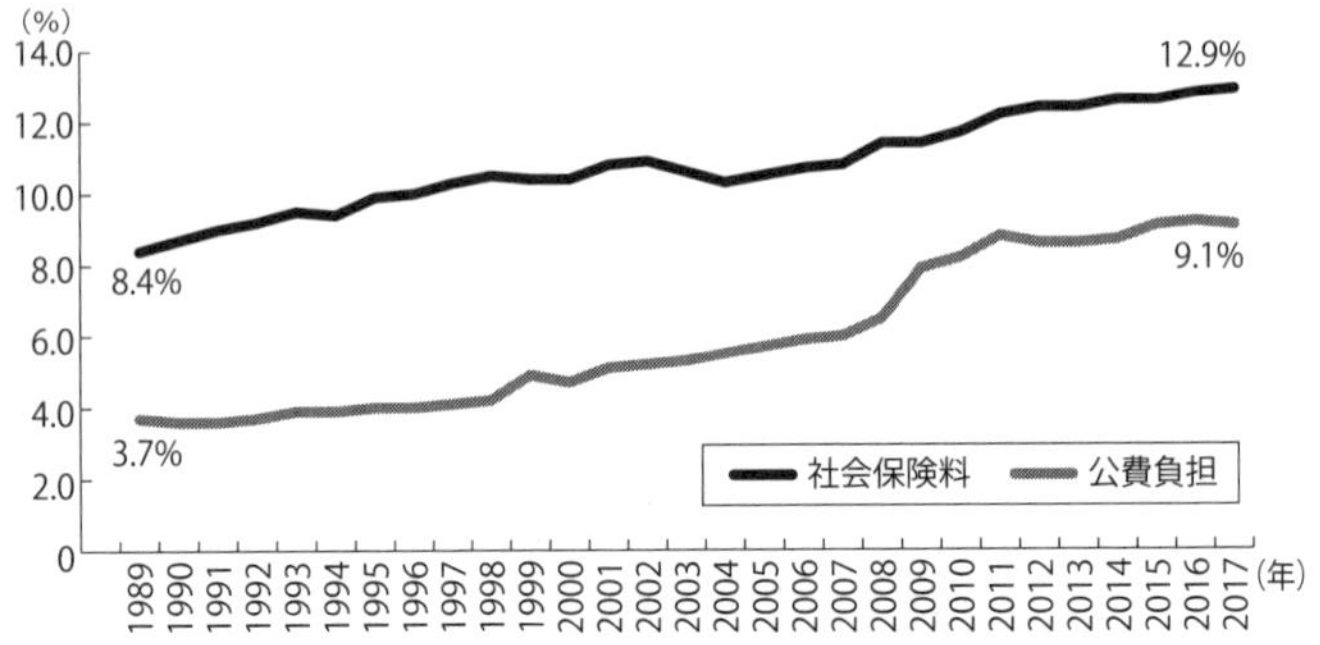

（出所）『厚生労働白書』（令和 2 年版）、p.122

図 10-3　新型コロナウイルス関連破たんの月別判明件数

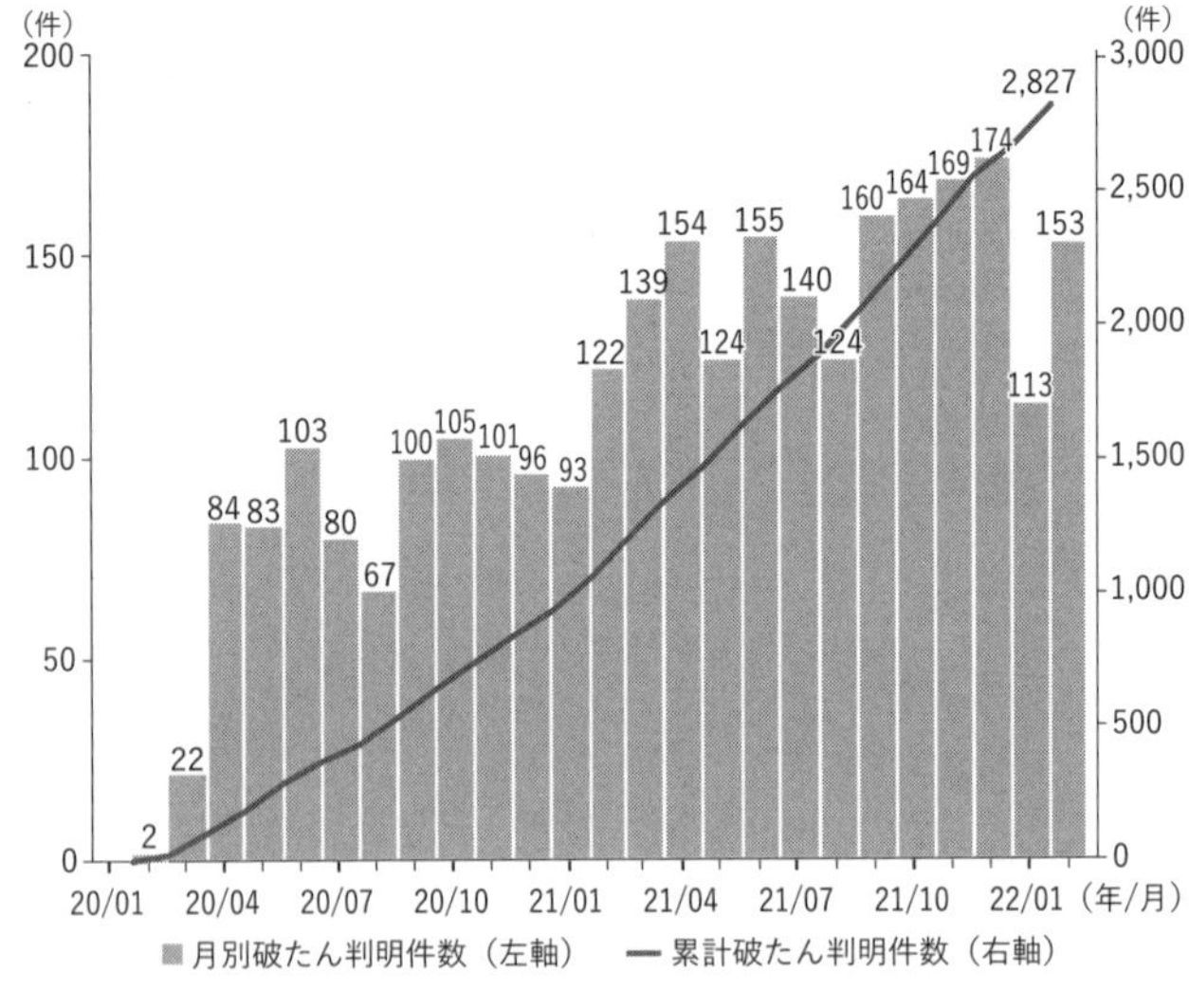

（注）東京商工リサーチの取材で経営破たんが判明したもの
（出所）『中小企業白書』（2022年版）、p.Ⅱ-14

図 10-4　国際指標の商品価格推移

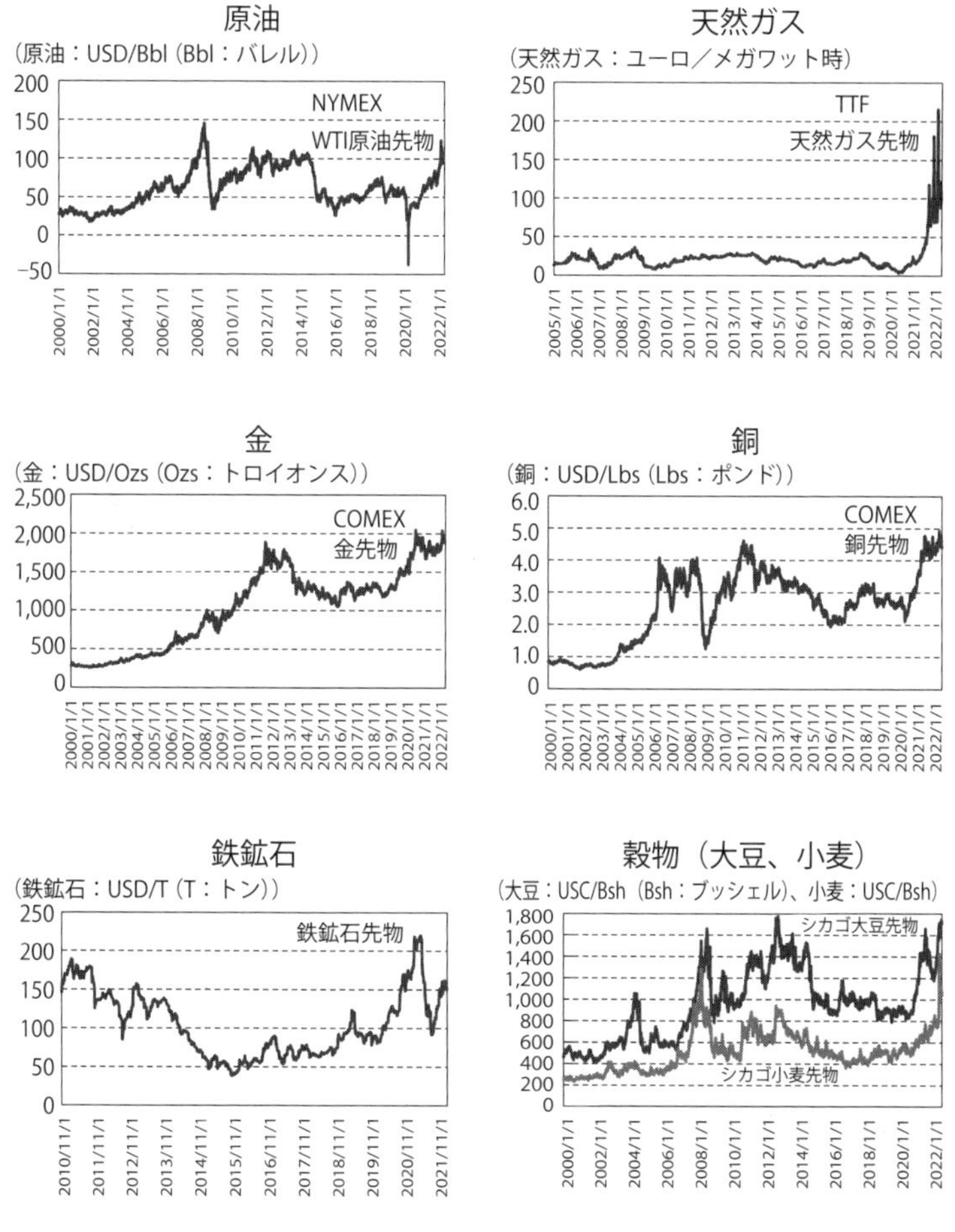

（出所）『通商白書』（令和 4 年版）、p.66 より作成

第11章　警備業と関連法規

警備業者が警備業を営む場合、守らなければならない専門の法規、事業者として遵守することが当たり前とされている通常の法規に加え、警備員が警備業務を実施する場合に守らなければならない法規について述べていくことにする。

第1節　警備業者が守らなければならない法律

警備業者として営業を行う者は、警備業法をはじめ、さまざまな法律の規制のもとにおかれている。

日本は法治国家であり、国民は等しく法を守らなければならない。信頼性が強く求められる警備業務を行う警備業者が法を破るなどということは、あってはならず、法を犯した警備業者は、他業種と比較すると、社会から糾弾される確率は極めて高い。

警備業界にとって最もなじみ深い法律は「警備業法」である。しかし、警備業者としては他に守るべき法律が沢山あることを知っておく必要がある。

一　警備業法

警備業法については、今まで内容ごとに具体的に説明してきている。ここでは警備業法の基本的説明を試みることにしたい。

(1)　警備業法の目的（第1条）

警備業は、警察官類似の行為を行うことから、一般人の錯覚や誤解を招きやすい。もし警備業者が劣悪な集団であったとしたら、社会生活に大きな混乱をきたしかねない。そこでさまざまな規制を定めることにより、国民生活を守る警備業務が正しく行われ、かつ、民間における防犯・防災活動の主力となるよう、警備業を育成することが目的となっている。

(2)　警備業法の主要部分の定義（第2条）

警備業法の文章中頻繁に登場する、六つの言葉について定義づけを行い、警備業の定義、警備業の対象業務、警備業者・警備員の範囲をはっきりとさせている。

(3)　警備業の要件（第3条）

警備業を営む者の中に、暴力団関係者や5年以内に禁錮以上の刑また罰金刑を受けた者、心身機能の障害により警備業務が適正に行えない者・麻薬等の中毒者・破産者などの不適格者がいてはならない、というものである。

健全な警備業務の実施は困難であろうと予測される者が、警備業を営んではならない旨、明確に規定されている。

(4) 警備業の認定(第4条)

暴力団関係者や麻薬等の中毒者等が警備業を営もうとした場合、例外なく排除されねばならないとの考えで定めたものである。

そのため、都道府県公安委員会(所轄の警察署が対応する)に対し、営業を希望する者は事前に決められた書類(認定申請書)を提出するよう定められている。都道府県公安委員会は、適法か否かについて審査し、要件を満たしていることを確認し認定する。

(5) 認定手続き及び、認定証、認定証の掲示義務、認定証の更新、認定証の取消し(第5条~8条)

警備業を営むには、さまざまな書類を添付した認定申請書を提出し、都道府県公安委員会の認定を受けなければならない。それらの書式も法律ですべて定められており、更新についても、同様の手続きが必要となっている。

他の法律、例えば「労働者派遣事業の適正な運営の確保及び派遣労働者の保護等に関する法律」等に違反したり、警備業法に違反するなどの事案が発生し、不適格業者となった場合などには、認定が取り消されることとなる。認定証については、誰でもすぐわかるように、主たる営業所の見やすい場所に掲示する義務が課されている。そして、有効期間が満了したあとも警備業を営もうとする者については、更新に関する手続きをしなければならないと定めている。

(6)　警備業者の届け出義務（第9条〜11条）

警備業者が各都道府県で営業する場合、営業しようとする各地の公安委員会それぞれに、営業所の届け出をしなければならない。また、廃止の場合や変更があったときも同様である。

(7)　認定証の返納等（第12条）

警備業を廃止したり、営業が実質的に不可能になった場合は、遅滞なく認定証を返納する義務が課せられている。

(8)　名義貸しの禁止（第13条）

警備業者の背後に実質上のオーナーがいて、警備業法上の処分から逃れるため、他人の名義を借りて営業をしたり、させたりすることを禁止したものである。

(9)　警備員の制限（第14条）

18歳未満の者は、警備員になってはならないと定めている。また、何度も触れるが、暴力団関係者等の一連の不適格者も、警備員になることを禁止している。

さらに、警備業者は、警備員が適格か否かについて調査しなければならないとしている。調査の結果、不適格と判明した者を警備員として雇用してはならない、と定めている。

(10)　警備業務を行うための基本原則（第15条）

実際の業務に従事する警備員が、警察官類似の行為を行うことにより、特別な権限をもっていると錯覚したり誤解したりしないように、特に強調している部分である。

⑾ 服装・護身用具（第16条〜17条）

一般市民が警備員を警察官と間違えないように、服装の内容について規定し、かつ、届け出の義務を課している。

護身用具についても、他人を威圧したりしないよう、携帯に関する規定を定めている。届け出についても、義務づけられていることは他と同様である。

服装と護身用具は、警備業法で重要視している。届け出ている内容と違う服装や護身用具を使用していた場合、届出義務違反また変更届け出義務違反とみなされ、罰則（法第58条3号）が適用される。第58条は30万円以下の罰金となっており、法第3条の警備業の要件を満たさなくなる。前述した法第8条、認定の取消しに抵触することになる。

⑿ 特定の種別の警備業務（第18条）

空港、施設、雑踏、交通誘導など特定の専門知識を必要とする警備業務を行うときは、一定の資格を有する警備員の配置が義務づけられている。

⒀ 書面の交付（第19条）

依頼者と警備業務の契約を行うときは、警備業務の内容に齟齬が生じないよう、締結前に契約内容の概要を記載した説明書、契約後に契約内容を明らかにした説明書を交付しなければならない。

⒁ 苦情の解決（第20条）

警備業務を実施するに当たって、現場の警備等に関する苦情が多いことから、警備業者側の苦情の受付窓口の明確化や解決に向けた対応を義務づけている。

(15) 教育及び指導監督に関して義務づけられたもの（第21条～22条）

警備業者は、警備員に対して、採用時に20時間、現に警備業務に従事している者は、毎年度10時間以上の教育をするように義務づけられ、かつ、その内容も定められている。

警備員の質の向上を図り、一定以上のレベルの者でなければ警備員にはあらずと言われるようになるよう、「検定制度」が設けられ、同時に警備員の教育が遅滞なく行われるようにするため、「警備員指導教育責任者」を定め、その者に警備員教育の管理を行うよう義務づけている。

(16) 検定制度（第23条～39条）

検定とは、一定の知識・能力を有することを公安委員会が証明する制度で、「施設警備業務」「空港保安警備業務」「交通誘導警備業務」「雑踏警備業務」「貴重品運搬警備業務」「核燃料物質等危険物運搬警備業務」の6種の業務に、それぞれ1級、2級の検定を設けている。また、検定の実施機関である登録講習機関等について定めている。

(17) 機械警備業（第40条～44条）

機械警備業者の定義づけと、営業を営む場合に必要となる届け出に関する事項や、廃止の際の届け出義務、及びそれらの手続きに関して定めている。

また、機械警備業者に「機械警備業務管理者」を置くよう義務づけるとともに、管理者のしなければならない業務について詳しく規定し、異常事態発生の際は25分以内に現場到着という、いわゆる「即応体制」について義務を課している。同時に契約締結の際は、提供する具体的な警備業務の内容について、書面の交付または電磁的方法によって説明する義務と、必要事項を記載した書類を基地局ごとに備えつける義務が課されている。

⒅ 警備員の名簿と備付書類（第45条）

警備業者は、営業所ごとに、定められた書類をきちんとそろえておかねばならない。警察職員が警備員の名簿等を検査するときには、必要書類の添付の有無が大きなチェック・ポイントとなっている。

⒆ 立入検査等（第46条～47条）

警察職員による警備業者の営業所等への立入検査の権限を定めたもので、報告や資料の提出を求め、あるいは書類その他を検査することも可能としている。

⒇ 行政処分（第48条～51条）

警備業者・警備員が警備業法違反、または、業務に関して他の法令違反を犯した場合に公安委員会は、是正・改善のため指示処分を行ったり、警備業務を継続することが明らかに違反状況のままになると判断される場合は、営業停止処分を行う。

警備業者の認定取消しや営業停止等の処分を行う場合には、「聴聞」により、弁明する機会が与えられている。

また、個人に対する処分として、警備員指導教育責任者や機械警備業務管理者の資格者証を取消す場合もあり、同様の手続きにより行われる。

㉑　雑則（第52条～55条）

検定手数料の納付義務、北海道公安委員会の権限委任、経過措置を定める規定、内閣府令への委任等に関する規定が定められている。

㉒　罰則（第56条～60条）

警備業者が警備業法違反を犯した場合の罰則内容について、具体的な説明を行い、内容に応じた罰を科する旨規定している。

㉓　警備業開始に伴う諸手続き（警備業法施行規則第3条～4条）

警備業を営もうとする者に提出義務が課されているものは、次の通りである。

①主たる営業所の所在地を管轄する都道府県公安委員会に認定申請書及び内閣府令で定める書類を添付して提出する。

②認定申請書に記載すべき事項は、

㈠氏名・名称・住所が必要で、法人の場合はその代表者の氏名

㈡主たる営業所その他の営業所の名称・所在地及び当該営業所で取り扱う警備業務の区分

㈢営業所ごと及び区分ごとに選任する警備員指導教育責任者の氏名・住所

㈣法人の場合にはその役員の氏名・住所

となっている。

③内閣府令で添付を義務づけている資料は、個人・法人・指導教育責任者に関するものである。

○個人の場合は、次の通りである。

㈠履歴書及び住民票の写し（外国人にあっては、外国人登録証明書の写し）。

㈡警備業法第3条第1号から第8号（破産者、一定以上の前科のある者、最近5年間に警備業法違反を犯した者、暴力団関係者、アルコール・麻薬・覚醒剤等の中毒者、心身機能の障害により警備業務を適正に行うことができない者、未成年者）の者でない旨を誓約する書面。

㈢警備業法第3条第1号（破産者）でない旨を証明する市町村長の証明書。

㈣警備業法第3条第6号（アルコール・麻薬・大麻・あへん・覚醒剤の中毒者）でない旨を証明する医師の診断書。

㈤未成年者で警備業の営業の許可を受けている場合は、その法定代理人の氏名・住所を記載した書面と、当該営業の許可を受けていることを証する書面。

○法人の場合は次の通りとなっている。

㈠定款及び登記簿の謄本。

㈡役員に係る、前項㈠と㈢と㈣の書類。

㈢役員に係る、前項㈡で未成年者の個所のみを除き、いずれにも該当しない旨を誓約する書面。

○選任する警備員指導教育責任者の場合は次の通りである。
㈠警備員指導教育責任者資格者証の写し。
㈡誠実に業務を行うことを誓約する書面。
㈢個人の場合の㈠と㈢と㈣の書類。
㈣警備業法第22条第4項各号のいずれにも該当しないことを誓約する書類。

二　消防法

消防法には、警備業もしくは警備員に関する直接的な定めはないものの、安全・安心を確保するという警備業務の目的から当然に遵守すべき項目があり、警備業者、警備員は、一般私人を超えてその義務を果たすように努力することが求められていると積極的に解釈すべきであろう。

(1)　火災発見時の通報義務（第24条）

警備員は、その就業中に火災を発見する可能性が高い。

火災を発見した警備員は、この規定に基づいて直ちに消防署等へ通報する義務を有し、他者が通報しようとしている場合には、進んで協力しなければならないとも定められている。

(2)　応急消火等の義務（第25条）

火災が発生した場合、警備員は応急消火義務者（消防法施行規則第46条3項　火災が発生した消防対象物の居住者又は勤務者）に該当するため、応急消火活動や人命救助活動を行わなければならない。

(3) **消防車への対応（第26条～27条）（道路交通法第39条～41条の2）**

警備員は火災発生時に、消防車両等が優先通行できるように誘導するとともに、通常の通行が困難な場合には、私道・空地・水面等で通行可能の場所を教えるなど、消防車両等が火災現場に速やかに到着できるよう協力する必要がある。

その他、火災現場では不測の事故や、混乱に乗じた窃盗等の事件が起こりやすくなるため、警備員は、避難誘導・交通誘導・現場保存等に努めるべきである。

三　労働者派遣事業の適正な運営の確保及び派遣労働者の保護等に関する法律

労働者派遣事業とは、自己の雇用する労働者を、他人の指揮命令のもとに労働させることを営業として行うことを言い、常時雇用型を特定労働者派遣事業、登録型を一般労働者派遣事業という。

警備業は、派遣事業として指定されてはいないが、その形態が労働者派遣事業に酷似しているため、次の要領で自己の関与する警備業務の中身を吟味し、法令違反とならないよう常に注意しなければならない。

(1) 職業安定法の４要件確認（職業安定法施行規則第４条第１項）

(2) 告示（労働者派遣事業と請負によって行われる事業との区分に関する基準）に関する確認（厚生労働省告示第５１８号）

(3)　民法による請負との照合（民法第632条～第642条）

警備業は、法的には労働者派遣事業の適正な運営の確保及び派遣労働者の保護等に関する法律（以下「労派法」という）の対象外となってはいるが、違反している警備業者があれば、業界全体の大きな問題になるので、真剣に取り組まなければならない。

(1)　**職業安定法の4要件確認（職業安定法施行規則第4条第1項）**

(一)作業の完成について、事業主としての財政上及び法律上のすべての責任を負うものであること。
(二)作業に従事する労働者を指揮監督すること。
(三)作業に従事する労働者に対し、使用者として法律に規定されたすべての義務を負うこと。
(四)次の①または②のいずれかに該当し、単に肉体的な労働力を提供するものではないこと。
①自ら提供する機械・設備・器材（業務上必要な簡易な工具を除く）もしくはその作業に必要な材料・資材を使用すること。
②企画もしくは専門的な技術、もしくは専門的な経験を必要とするものであること。

前記の通り、職業安定法は請負について明確に規定しており、これによれば警備業は労働者派遣事業に該当しないとされているが、問題は業務の実態がどうかである。

警備員が依頼主から直接指示を受けたと誤解して、「このようにしなさいとの指示を受けたので、間違いなく実行しました」等と日報に記載したり、日報に依頼主側の印が系統だって複数押されているなどの場合は、法に違反しているのではないかとの誤解を招きやすい。ここは、まず自己の関与している警備業務の書類を確認すべきである。

(2) 告示（労働者派遣事業と請負によって行われる事業との区分に関する基準）に関する確認（厚生労働省告示第518号）

第2条では、請負の形式による契約によって行う業務に、自己の雇用する労働者を従事させることを業として行う事業主であっても、一定の条件に該当すれば、労働者派遣事業を行う事業主とすると定めており、さらに、第3条では、一見したところ労派法には該当しないようにみえる事業主であっても、真の目的が労働者派遣を業として行うことにあるときは、労働者派遣事業を行う事業主であることを免れることができない旨を規定している。

(3) 民法による請負との照合（民法第632条〜642条）

民法では請負について、「請負は、当事者の一方がある仕事を完成することを約し、相手方がその仕事の結果に対してその報酬を支払うことを約することによって、その効力を生ずる」と定めている。

したがって、請負とは何らかの仕事を完成させることを目的とした契約を意味している。警備契約は、労務によってもたらされる「無事故」という結果が、仕事の完成を意味していると解してよい。

しかし、警備契約書の題名に請負の文言が使われていても、要は契約の中身が問題なのである。契約の中身が労働者派遣事業に酷似する内容であれば、いかに「請負」と文字が多用されていても、それだけでは簡単に請負と判断する根拠にはならない（第8章第1節参照）。

四　雇用の分野における男女の均等な機会及び待遇の確保等に関する法律

この法律は、法の下の平等を保障する日本国憲法の理念にのっとり、雇用の分野における男女の均等な機会及び待遇の確保を図るとともに、女性労働者の就業に関して妊娠中及び出産後の健康の確保を図る等の措置を推進することを目的としている。

警備員については、平成27年（２０１５年）厚生労働省告示第４５８号において、「守衛、警備員等のうち防犯上の要請から男性に従事させることが必要である職務」に該当するとして、性別による差別の禁止の例外として示されているが、法律の趣旨を尊重した業務の運営が求められることは言うまでもない。

五　職業安定法

職業安定法とは、もともと労働者供給事業を禁止し、中間搾取をはじめとする労働者への不利、不当な扱いを根絶すべく制定されたものである。

非人道的な支配関係の下における労働力の供給を禁止したものの、現実には法の目をかいくぐって、請負契約を偽装して労働者供給事業を営む者が増えるに至り、請負と労働者供給との区分を明確にするための基準が設けられることとなった。

警備業界で問題となるのは、「請負」と「労働者派遣」との相違点についてである。職業安定法における請負の考え方については、本章前述の通り、一概に警備業務と言っても、その具体的な態様が労働者派遣事業に該当しないかどうかが、厳しく吟味される可能性は高い。

警備業者は今後も職業安定法を遵守するため真剣に取り組む必要がある。

六　労働基準法

労働基準法は、労働者の人権擁護の精神に則り、「労働者が人たるに値する生活を営むための必要を充たすべき」水準ともいうべき労働条件を定めているもので、また公正なる競争の確保という理念のもとにつくられている。警備業者は、当然のことながらこの法律でいうところの使用者にあたり、さまざまな義務が課されている。そして労働者と使用者は、労働条件を定める際は対等の立場で決めねばならないとされている。

⑴　労働条件の明示（労働基準法第15条、労働基準法施行規則第5条）

警備員を採用する際に、具体的雇用条件を明確にせずに雇用してはならないし、また、賃金については、明示した文書を渡さなければならないとされている。

配置転換については、労働契約に配置先や業務の種類が明示されている必要があるが、その種類、態様、場所等について限定的な合意がなければ、基本的に使用者に権限があると解釈できる。

出向に関しては、本人の合意のもとで進めるべきであり、在籍出向と移籍出向の二つに大別される。

⑵　賃金（第3条～4条、第11条～12条、第15条、第17条、第20条、第23条～28条、第32条、第37条、第39条）

賃金に関しては複雑多様な規定となっており、業務においては、常に労働基準法の関係条文を確認することが大切であるが、ここでは警備業において比較的トラブルが生じやすい問題を取り上げることとする。

㈠使用者と警備員間における休日や休業についての解釈の相違により、賃金や休業手当についてのトラブルが生じることになる（自宅待機）。

㈡銀行振込みに関し、従業員の同意なく行ってはならない。

㈢従業員が休日出勤のあと代休をとった場合、割増賃金に関しトラブルが生じる。

㈣割増賃金を計算する際、法令で定められた諸手当以外の手当を算入しない場合がある。

㈤労働時間、休憩時間、休日の内容の決め方が不明確で、就業規則にそれらの規定がない。

㈥時間外及び休日の労働に関し、使用者と労働組合、または労働者の代表者が書面による協定をしていないことがある。

(3) 労働時間に関する規定の適用除外（第41条第3号）

警備業務は、従来監視・断続的業務とみなされる場合が多く、適用の除外が認められていたが、労働者の権利が重視される現在においては、警備業務は労働基準法上の監視・断続的業務とは認められないと考えたほうが間違いない。

(4) 解雇（第19条～23条）

従業員を解雇しようとする場合には、少なくとも30日前にその予告をするか平均賃金（第12条）の30日分の支払をしなければならない。しかし一定の従業員（第21条）及び労働基準監督署長の解雇予告の除外の許可を得られている場合は、この限りではない。また、業務上の負傷又は疾病による等は解雇制限（第19条）により解雇が一定の場合制限される。

(5) 年次有給休暇（第39条）

年次有給休暇とは、労働者に対する慰労休暇を法律で定めたもので、雇入れの日から起算して6カ月継続勤務し、全労働日の8割以上出勤した者に対して10日を与え、その後は勤務期間に応じた日数を付与しなければならない。

(6) 補償制度（第75条～88条）

労働者が業務上の負傷・死亡、もしくは疾病にかかった場合等の補償につき、被災労働者等の救済を図り、もって労働者の福祉を図るためのものである。

この労働者の補償制度は、実質的に労働者災害補償保険法による保険給付でなされている。したがって、労災保険未加入の警備業者は、強制加入であることを認識の上、早急に加入する必要がある。

(7)　就業規則（第89条～93条）

常時10人以上の労働者を使用する警備業者は、就業規則を作成し、所轄の労働基準監督署長に届け出る義務がある。その際の手続きや就業規則と労働協約等との関係その他について定められている。

(8)　労働者名簿（第１０７条）

使用者は雇用した労働者に関し、その名簿を作成しなければならないとされている。

この点、労働基準法上の労働者名簿と警備業法上の警備員名簿は全くの別物と解釈し、それぞれの法律に則った備え付けが必要なので注意すべきである。

(9)　賃金台帳（第１０８条）

使用者は事業場ごとに賃金台帳を作成し、賃金支払の都度その内容を記入しなければならないと義務づけられている。

(10)　記録の保存（第１０９条）

使用者はさまざまな記録（労働者名簿、賃金台帳及び雇入・解雇・災害補償・賃金その他の労働関係に関する書類）を5年間保存しなければならない義務がある。

七　労働安全衛生法

労働安全衛生法は、労働災害防止に関する総合的かつ計画的な対策を立案実施することにより、労働者の安全と健康を確保し、快適な労働環境の形成を促進することを目的としており、警備業者は、この法律で定める労働災害防止のための最低基準を守り、労働条件の改善を通じて労働者の安全と健康を確保しなければならないと定められている。

(1)　健康診断（第66条）

警備員以外の従業員も含めて、年1回の医師による健康診断が必要である。

また、午後10時～午前5時の深夜時間帯に勤務する夜勤者については、半年に1回とされている。

(2)　就業制限がかかる業務（第61条）

警備業者が警備員に一定の業務を指示する際に注意すべきことで、契約先で資格や講習の修了が必要な機械設備の取扱い等があったりする場合には、技能上の制限がかかる有無等を確認しておかなければならない。

例えば、緊急時対応にボイラー設備の操作などが就業上必要な場合は該当する。

八　個人情報の保護に関する法律

この法律は、個人の権利利益の保護を目的として、個人情報の適正な取扱いに関する基本理念を定め、行政はもとより、個人情報を取扱う各種事業者についても遵守すべき義務等を定めている。

警備業者においても、業務のさまざまな場面で個人情報を取扱うことがあるため、就業規則や入社書類を整備した上で、全社員に対する指導教育を徹底することが重要となる。

九　独占禁止法

独占禁止法は、私的独占、不当な取引制限及び不公正な取引方法を禁止し、公正かつ自由な競争を促進し、国民経済の民主的で健全な発達を促進することを目的としている。

近年、さまざまな業界において談合をはじめとした同法違反事案が摘発されており、警備業界も例外ではない。

違反企業には、公正取引委員会から課徴金納付命令や排除措置命令などが執行されることがある。また取引先からは損害賠償の対象になるケースもある。さらには業界全体のイメージダウンになるなど、その影響は極めて大きい。企業は、コンプライアンス重視の経営姿勢を一層明確にする必要がある。

第2節　警備員が知らなければならない法律

警備員が業務に従事する際に、知っておくべきさまざまな法律がある。

警備業法、消防法、道路交通法等以外に、なぜ泥棒や万引犯を現行犯逮捕できるのか、なぜ17歳の者が警備員になれないのかなどの問いに対して、正確に知っていて答える必要がある。

さらに、警備員を希望する者が、警備員として雇用された場合に、法により提出を義務づけられている書類がある。

一　警備業法

警備員が警備業務を実施する上で、絶対に理解しておかなければならない法律であり、規範となっているものである。

例えば、警備員が特別な権限をもっていると思い込んだまま警備業務に従事した場合、さまざまなトラブルが発生し、自分自身が困ると同時に、他者へ甚だしい迷惑を及ぼすことになる。

警備員は、警備業法を熟読玩味して、自らを律する法律によく精通することが要求されている。

(1)　入社時の提出資料

第14条第1項（警備員の制限）に該当する者でないことを誓約した書類で、通常、誓約書と呼んでいる。

法で明確に提出を義務づけられている誓約書のほかに、次のような資料を警備員は警備業者に提出する必要がある。

①写真（3年以内に撮影した無帽、無背景、正面、上三分身の縦の長さ3㎝、横の長さ2・4㎝の写真）
②住民票
③履歴書
④市町村の長の証明書（身分証明書）
⑤医師の診断書（アルコール、麻薬、大麻、あへん又は覚醒剤の中毒者でない旨、心身の障害により警備業務を適正に行うことができない者でない旨の診断書）

ほかにも、警備業法には定めはないが、運転免許証のコピーや各種資格証のコピー等、警備業者によって請求されることがあるため、警備員は用意できるものはしておくとよい。

(2)　警備員になれない者（第14条）

18歳未満の者が該当する。ならびに第3条（警備業の要件）第1号から第7号までのいずれかに該当した者も、警備員になることはできない。

(3) 警備員の基本原則（第15条）

「警備業者及び警備員は、警備業務を行うに当たつては、この法律により特別に権限を与えられているものでないことに留意するとともに、他人の権利及び自由を侵害し、又は個人若しくは団体の正当な活動に干渉してはならない」と規定している。

したがって、警備員には特別に権限が与えられていないということを、あえて強調していることを知っておかなければならない。

(4) 服装（第16条）

警備員と警察官等が明確に識別できるような服装にするよう、法は定めている。

したがって、警備員が警備業者の用意した制服を嫌い、独自の制服を着用して業務に当たれば、警備業法違反になる。

(5) 護身用具（第17条）

警備員が警備業務で護身用具を使用する場合、都道府県公安委員会に届出をしてあるものを使用しなければならず、独自の用具を使用すれば警備業法違反となる。

(6) 教育（第21条、警備業法施行規則第38条）

警備員は採用後、警備業務に従事するまでに「20時間以上」の教育を受けねばならず、その後も年度ごとに「10時間以上」の教育が義務となっている。

ただし、検定合格者や資格保有者、警備経験者（最近3年間に当該警備業務に従事した期間が通算して1年以上である新任警備員）及び、警察官の職にあった期間が通算して1年以上である新任警備員等については、教育時間数が一部または全部免除になるなどの措置がある。

(7) 検定制度（第23条）

本章第1節で説明の通り、6種の業務に検定が行われている。

警備業務の現場によっては、検定合格者の配置が法律で義務づけられていることがあるので、警備員も知っておく必要がある。

二　道路交通法

道路交通法は、「道路における危険を防止し、その他交通の安全と円滑を図り、及び道路の交通に起因する障害の防止に資すること」をその目的としている。

通常、道路上において警備業務を実施する際は、警備業務の依頼主が、その現場を管轄する警察署長から道路使用許可を受けている。

警備員の行う交通誘導は、権限を有する警察官等の行う交通整理とは異なる。前述の警備員の基本原則に則り、相手方の任意の協力により交通の円滑を図るものとなっている。

三　現行犯逮捕とその根拠

刑事訴訟法は、現に罪を行っている犯人や、犯行直後の犯人については、誰でもこれを逮捕することができると定めている。ちなみに、令和2年（2020年）の現行犯逮捕人員（刑法犯）は、犯罪統計等によれば、約2万6000人に上っており、警備員は現行犯逮捕の機会に遭遇する確率が高いため、その根拠をよく理解しておく必要がある。

(1) 現行犯逮捕の根拠（刑事訴訟法第212条、第213条）

刑事訴訟法は、憲法第31条の趣旨の下で、犯罪者を逮捕したり、刑罰を科したりする手続きを定めたもので、その第213条で「現行犯人は、何人でも、逮捕状なくしてこれを逮捕することができる」と規定している。

(2) 現行犯逮捕後の措置（刑事訴訟法第214条）

警備員が現行犯人を逮捕した際は、直ちに権限を有する警察官等へ引き渡さなければならない。逮捕とは、必ずしも手錠をかけたり、縄で縛り上げたりする必要はなく、周囲を複数で取り囲み、逃げられないよう監視下に置く行為も実質的に逮捕と判断される場合があるので、実務上注意しなければならない。また、警備員は盗品を探すために所持品の検査をしたり、身体に触って調べたりしたりなどの取調べ行為はできない。

個々の警備員に徹底した教育を行う必要がある。

四　正当防衛と緊急避難

正当防衛と緊急避難は、ともに刑法に定められている。

(1)　正当防衛と過剰防衛（刑法第36条）

突然、自分自身や他人が襲われ、即座にその侵害から逃れるため、やむを得ずにした行為は、罪に問われないとするのが正当防衛の考え方である。その際、実力行使が過剰になってしまい、必要以上の防衛をしたと認められる場合は、過剰防衛として罰せられることとなる。

正当防衛の要件は次の通りである。

①他より急迫不正な利益侵害が行われること。
②右のような侵害行為を排除して、自己または他人の権利（利益）を防衛するものであること。
③防衛行為が、やむを得ずにした行為であること。

(2)　緊急避難（刑法第37条）

正当防衛の対象が急迫不正の行為であるのに対して、緊急避難とは、違法ではない行為や自然災害等によって生ずるさまざまな侵害から、自己または他人の権利を守ろうとした際に、第三者の権利を侵害した場合に認められる。許容される相手への侵害程度は正当防衛よりも厳しく、守ろうとした権利に対し、第三者に与えた損害が程度を越えない必要がある。その点を説明する「カルネアデスの板」理論（※古代ギリシアの哲学者カルネアデスが問題提起した事例で、洋上で船が難破した際、一人しかつかまれない板を他の者から奪い取って生き延びた場合の行為は正当と言えるかを現行の刑法理論によれば自分の命を救うためやむを得ず他人の命を犠牲にすることが許されるという緊急避難の限界を論じたもの）が有名である。

これはあくまで理論であり、結果的にこの行為は無罪となり現代に伝えられている。しかし、この行為は乗組員の家族からしたら大切な家族を殺されたという事実は変わらないものであり、心情的にこの事実が無罪とは思えないものとして永遠に続くのではないかとの見方もある。この緊急避難は単に次の要件を充足すれば足りるというものではなく、人間の命は平等であることも考えておかなければならない。

緊急避難の要件は次の通りである。

①自己または他人の生命・身体・自由もしくは財産に対する現在の危難があること。
②その危難を避けるためにした行為であること。
③避難行為が、やむを得ずにした行為であること。
④避難行為から生ずる害が、防ごうとする害の程度を越えないこと。
⑤緊急避難の要件に当てはまる場合であっても、このような危難を甘んじて受ける業務上特別の義務のある者については、緊急避難は許されない。

五　遺失物法

遺失物法は、遺失物に関する法的な取扱い手続きを定めたものであり、警備員としては日常頻繁に起こりうる事案かつトラブルになりやすい要因が多いため、その内容について熟知しておかなければならない。

○遺失物の処理

遺失物とは遺失物法第2条で「物件」として定義されており、遺失物法等の解釈運用基準によると「他人が占有していた物であって、当該他人の意思に基づかず、かつ、奪取によらず、当該他人が占有を失ったもので、それを発見した者の占有に属していないもの」と定義づけられており、一般には「落とし物」と呼ばれている。落とし物をした人を「遺失者」と呼ぶ。警備員は法的には管理に当たる者と言い、警備の依頼者（施設）は施設占有者という。

警備員は警備業務中に遺失物を施設（敷地）内で発見した場合は、施設占有者に届け出る等の手続きを行い、もって警察署長に届くように手続きしなければならない。また、不特定多数の人が集まる施設等において、警備員に遺失物を発見したと持参する者があった場合は、発見した人が拾得者となり、警備員は管理に当たる者として遺失物の手続きを行い、拾得者の氏名・住所・連絡先等を記録し、前述した要領で処理を進める。

六　国民の権利

日本国憲法はその第11条で、国民の基本的人権を保障しており、その内容は自由権、社会権等とされている。

警備員は業務の特殊性から、人権にかかわる場合も多く、人権に関して十分に注意する必要がある。特に、万引犯人の現行犯逮捕等については、人権侵害の程度も大きく、仮に間違いがあれば強く非難され、名誉棄損や補償問題に発展することも考えておかなければならない。

第3節　行政処分

行政処分とは、警備業者またはその警備員が警備業務に関し、法令違反をおかした場合の都道府県公安委員会による行政上の処分のことである。

警備員個人が不法行為を犯した場合、当事者が法で裁かれるだけではなく、上司・同僚等の管理監督者、さらには警備業者も処分対象となり、業務停止命令等の処分を受けたり、社会的な責任を問われ警備業者として最も重要な信頼を失うなど、警備業者自体の存続や勤務する多くの警備員が失職する結果を招きかねないのである。

その事実を自覚するためにも、警備業法の処分内容に関する規定を熟読しておかなければならない。

都道府県公安委員会から指示や営業停止命令が下されるときの基準は、違反内容の軽重により各都道府県公安委員会が公開している、処分の基準（行政手続法第12条）に基づき処分される。また、「モデル処分基準」の一部改正内容を、平成24年（２０１２年）4月1日付けで警察庁がホームページに公開をした。

○七つの処分基準
①警備業の認定の取消し（法第8条）、②警備員指導教育責任者資格者証の返納命令（法第22条第7項）、③合格証明書の返納命令（法第23条第5項において準用する第22条第7項）、④機械警備業務管理者資格者証の返納命令（法第42条第3項において準用する第22条第7項）、⑤警備業者に対する指示（法第48条）、⑥警備業務に係る営業の停止命令（法第49条第1項）、⑦営業の廃止命令（法第49条第2項）

一　指示（警備業法第48条）

違反の内容は、備付簿冊の不備や、教育け怠《たい》、指導・監督の不適切等が多い状況にある。指示処分は、このような違反状態の是正のために行われるもので、具体的な措置としては次のようになる。

(1)　違反状態の解消のための措置

(2)　履行されなかった義務に替わる措置

(3)　将来の違反の防止のための措置

二　営業の停止命令（警備業法第49条第1項）

前条の指示処分に違反し、警備業務を継続することが違法、あるいは著しく不適切なまま業務が継続的に行われることより、この状態のまま改善することが困難であると判断された場合、公安委員会は6カ月以内の期間を定め、警備業者に一定の条件を付して営業の停止を命ずることができる旨が定められている。

また、指示を受けたことがない場合においても、違反内容が甚だしく不良不適切であり、警備業務を実施することそのものが違法状態をさらに拡大するような際には、営業の停止が命じられることを警備業者は承知しておく必要がある。

営業停止処分を受けると、営業停止期間中は顧客対応ができなくなり、事業に重大な影響を及ぼすこととなる。

三　営業の廃止命令（警備業法第49条第2項）

認定を受けずに警備業を営んでいた場合、都道府県公安委員会から営業の廃止命令が出されることとなる。

四　行政処分の状況

最近5年間における全国の警備業者に対する行政処分の状況は、図11－1の通りであり、令和3年（2021年）中の処分状況をみると、指示が196件、営業停止が3件、認定の取消しが0件の総数199件であった。

違反が摘発されるのには、一つのパターンがあり、それは、警備業法違反が直接表面化するのではなく、職業安定法違反や労働基準法違反、または道路交通法違反、労派法違反など他の法律を違反することにより、連鎖的に警備業法違反が浮かび上がってくる。

この処分により、どれだけの警備業者が倒産し、どれだけの社員・警備員が職を辞さなければならなかったのか。

このような結果を生じさせないためにも、一人ひとりの警備業に携わる者が、常に自分で背負っている責任を考え、またそのように導くため「警備業は教育産業」であることを念頭に置かなければならない。

図11-1　行政処分件数の年別推移（各年中）

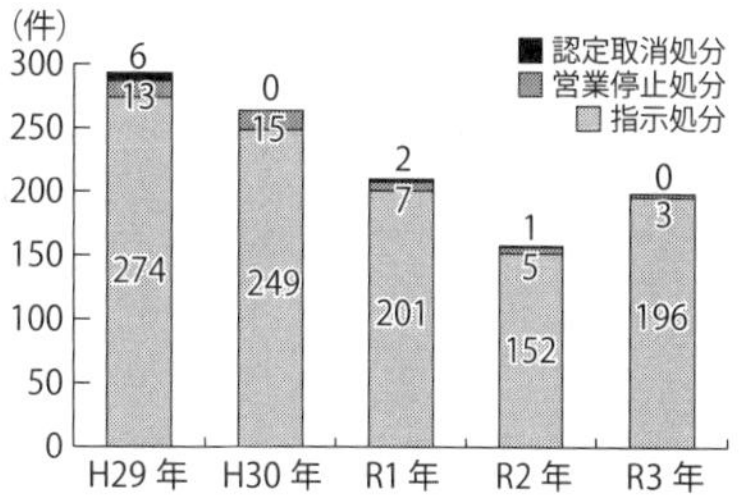

（出所）警察庁「令和3年における警備業の概況」

五　主な違反事例

(1)　認定の取消し処分

法人が、警備業務に関し他の法令の規定に違反する重大な不正行為となる国家公安委員会規則で定める労派法違反を行ったことにより、罰金の刑に処せられたため、警備業法第3条第3号の欠格事由に該当することとなり、認定が取消しとなったもの。

(2)　認定の取消し処分

法人が、警備業法違反により、罰金刑の略式命令の言い渡しを受けたことから、同法第3条第2号の欠格事由に該当することとなり、認定が取消しとなったもの。

(3)　営業停止処分

立入検査により、警備業法で定める内容、時間数の教育を実施しなかった教育義務違反及び警備員名簿と教育実施簿に事実でない教育時間等を記載した警備員名簿等の虚偽記載違反が判明したもの（停止45日）。

(4)　営業停止処分

法人は、公安委員会が認定した路線において交通誘導警備業務を行う場合は、交通誘導警備業務1級又は2級の合格証明書の交付を受けている警備員を1名以上配置しなければならないのに合格証明書を有しない警備員3名を業務に従事させたもの（停止1カ月）。

(5)　**指示処分**

県外に所在する営業所の選任警備員指導教育責任者を変更したが、法定の期限内に主たる営業所を管轄する公安委員会へ届出書を提出しなかったもの（変更届出義務違反）。

(6)　**指示処分**

他社が受注した交通誘導警備業務の現場に自社の警備員を派遣し、他社の指揮命令の下に同警備業務に従事させ、もって労働者派遣事業を行ったもの。

(7)　**指示処分**

法人が、依頼者に対し警備契約を締結するまでに、当該契約の概要について記載した書面を交付せず、かつ警備契約を締結したにもかかわらず、当該契約の内容を明らかにする書面を交付しなかったもの（書面交付義務違反）。

第12章　警備業界の問題

警備業とは警備保障業であるという一般のイメージが、さまざまな誤解や錯覚を生みながらも、警備業界の裾野を広げる上で大きな役割を果たしている。

警備業界は時代の流れに乗り、拡大発展の一途をたどっているとはいえ、その陰には解決しなければならない大小さまざまな問題がある。

労働時間の短縮問題をはじめとして、労働災害や警備員の福利厚生の充実、さらには事業の継承問題など、多種多様の問題に警備業界は直面している。

警備業法が昭和57年（1982年）に改正されて以来40年余経過した。他業界と比べ、比較的順調に発展拡大してきた警備業界も、デフレの直撃、最低賃金の引き上げ、働き方改革、物価上昇、労働人口の減少と、大きな壁に直面している。

警備業界の問題は、特に法的な部分が多く、警備業法をはじめ関係法令の遵守が必要となっている。営利の追求のみに走る業者や、違法を承知で教育を無視している業者など、遵法精神に欠ける業者の存在が、警備業界にさまざまな問題を発生させているともいえよう。

いずれにせよ、警備業界の抱える問題は、早急に対応して解決しなければならないものとなっている。

第1節　警備業者の違反問題

警備業者の営む警備業は、利潤を目的とした営利事業であり、警備業法は、警備業務の実施の適正化を図ることを目的としてつくられた法律で、警備業の規制を行うものである。

しかし、警備業法があっても目先の利益に固執する業者が多いため、自己の提供している警備業務が適法であるかどうかについての注意が不足してしまう。ここに警備業法違反の起きる原因がある。

警備業者は信頼があってこその会社運営であり、その基盤が警備業法なのである。民間会社の中でも特殊な業務背景に人の生命・身体・財産を守ることであり、そこに原点があることを忘れてはならない。

マンネリ化した事業が継続してしまうと、守るべき遵法精神が緩んでしまい、実際に行わなければならない手続きを「面倒くさい」「つい忘れてしまった」「このくらいなら大丈夫だ」などと職務け怠から違反行為に繋がることとなってしまう。

警備業法違反を知りつつあえて改善しないとか、再三にわたり同一の違反を繰り返すことなどは、警備業者の経営に対する考え方に問題があると解釈すべきである。

これまでの行政処分の内容について、それらの事由を項目別にあげてみるが、警備業務に携わる者は、自らを顧みる際の足がかりにする必要がある。

①教育け怠
②営業所備付け書類不整備
③指導監督け怠
④警備員制限（欠格事由）違反
⑤警備業務ごとの警備員指導教育責任者不選任
⑥即応体制整備違反
⑦他法令違反
⑧各種届出書虚偽記載
⑨認定手続及び認定証届出違反
⑩護身用具届出違反
⑪服装届出違反
⑫基地局備付け書類不整備
⑬機械警備業務開始届出義務違反
⑭変更届出義務違反
⑮機械警備業務管理者不選任

警備業法は法律である。その用語は難解であり、多少読んだだけでは理解し得ない部分が多数ある。また、ついうっかりと忘れてしまうというケースもある。このようなうっかりミスが多くみられるものに、変更届け出の不備と備え付け書類の不整備がある。

中小零細規模の警備業者に限らずありがちなことは、事務処理の仕方に統一された方式がなく、その時々の担当者が自分の考えだけで書類を整理してしまい、時間が経過するにつれて次第にわからなくなり、法定の手続きができなくなってしまうケースである。例えば、警備員を採用した場合、提出させた書類が不足のときは、すぐあとでもってきてもらうつもりでいても、忙しさに取りまぎれてつい忘れてしまう。その結果として、警備員名簿の生年月日・写真貼付の抜けや誤記が発生したり、確認票のチェックミスや誤記が発生したりすることとなる。

また、護身用具の警戒棒を1本増やしたり、制服を変更した場合、さらに役員・警備員指導教育責任者・機械警備業務管理者等の変更をした場合なども、ついうっかりでは済まされず、これが公安委員会の行政処分を受ける場合も出てくる。

警備業法違反の大半は、不勉強・無知からくるものであろうが、中には警備業務に必要な有資格者がいないため、隠ぺいして違反行為を行っている業者もある。例えば高速道路や公安委員会が指定する路線で交通誘導を行う場合、交通誘導警備業務1級または2級の資格者を配置しなければならないが、これに従わず資格者を配置せずに業務を継続していたことで、公安委員会から行政処分を受ける業者もある。

警備業務を行うにあたり基準が定められている以上、このような行為は警備業者全体の信頼を落とす原因ともなるので、襟を正してこれを改善する努力を行わなければならない。

第2節　ダンピング問題

大量生産が可能なものならば、生産工程を合理化してコストダウンを図り、結果として低廉化を実現することは可能であろう。警備業界においては、機械警備業務のみコストダウンが可能であるとみられている。反面、人間による警備業務については、人件費の占める部分が大きく、簡単にコストダウンはできないものと思われる。

では警備業界で、なぜダンピング問題が起きるのであろうか。

それは営業戦略上、どうしても特定物件の契約を獲得しなければならないと判断した場合に、適正価格を著しく下回った設定を行うこと、つまり、市場の独占を狙い、契約するためにはいくらでも良いからこの契約は取るという考えから行うもので、当然その背景にはそれに見合うだけの採算があるということになり、市場原理を根本から崩してしまうこととなる。

建設業の社会保険未加入問題、人手不足を受け、令和3年（2021年）8月には、東京労働局長が最低賃金引き上げの答申を行い官報に公示し、東京都を中心とした全国の最低賃金引上げへ向けた対策を行った。また、東京2020オリンピックにより警備料金は一時的に上昇したものの、令和4年（2022年）以降は新型コロナウイルス感染症がまだ収束しない中、ロシアによるウクライナへの軍事侵攻が行われ、ロシアと西側諸国（特にNATO加盟国）の対立により、世界経済が不安定になりインフレがさらに進行する可能性も出てきている。一方で、日本の労働賃金は世界の情勢と比較して伸び悩んでおり、日本政府でも今後真剣に取り組まなくてはならない課題であろう。

第3節　警備員の人材確保と安定就業

警備員の人材確保と安定就業は、警備業が産声をあげたときからの大命題である。警備員を確保し質の水準を上げ、ひいては社会における民間防犯システムの核とさせるべく、警備業法は警備員の教育に関して、ことこまかく規定を定め義務づけをしている。社員教育が法により義務となっている業種であることを自覚して、教育に励めば励むほど、警備員の質は向上していくと考えられるが、実際にはそれがなかなか困難なことである。

それは、主に次の理由によるといえよう。

(1) 警備員の給料が低く、人材定着が図れない

零細規模の業者においては、もともと受注単価が安いところが多いようである。したがって、賃金、賞与、その他福利厚生等の就業条件や環境は、良いと言えないことから、人材の定着が図れない。

(2) 教育に金をかけても無駄で非効率だと経営者が考えている

このケースは、教育することによって直接の利益が期待できないということである。最低限、法律で義務づけられたものは一応消化していくが、本当はやりたくないというものである。ユーザーに警備を提供しても、本人の資質を直接提供するのではなく、システム全体を提供するのであるから、システム構成をきっちりしておくことが必須条件で、警備員は単なる歯車にすぎないというように受け止められている。

(3) 警備業法に基づく最低限の教育義務をクリアすることが、最高目標となっている

現状では教育義務を消化すれば、法的には追及されないという考え方で、営業するために最低限の指導・教育に取り組んでいる形式だけの業者がいることである。したがって、決められた時間数をこなすのがやっとで、それ以上は望むべくもないというのが実情であろう。

(4) いくら教育してもすぐやめてしまうので一貫教育が困難である

いわゆる流れ者の警備員が多いと受けとめている考え方と、賃金やボーナスが世間並みに払えないから仕方がないと、あきらめている業者に多いケースである。確かに定着率が悪い業界であることは間違いないようである。また、昨今では就業者の働き方に対する意識変化が警備業での人材確保と安定就業に影響を及ぼしていることも少なくない。例えば、他業種に比べ、休日が不規則、就業時間や就業場所が変則的等の理由もあることから、人材の定着が悪くなる要因となっ

ている。安定した就業環境の改善に向けて業界全体で取り組むことが必要であろう。

(5) 就業者の高齢化が進み、また意欲がないので指導・教育に工夫が必要である

一般に高齢者の場合は、今まで経験したことのない分野であり、わかりやすく工夫を凝らした教育でなければわからない警備員の方が多いようである。

また、教育を受けたいという意欲に欠けている場合もあり、指導・教育時間にとらわれることなく工夫を凝らしてあきらめずに行うことが重要であろう。

ほかにもさまざまな理由があげられるが、業界内における状況からは、この5点にほぼ集約できるのではないだろうか。

以上のようなことが、人材の確保や定着率を悪くする要因として考えられることであり、警備業界全体で事業の公共性を高める行動をとり、人材の確保と安定就業を可能な業界に変化させなければ、警備員の継続的な教育は行うことができず質の向上は望めない。具体的な問題として警備業界にはね返ってきているのが警備業法違反・苦情・労災事故（表12－1）である。

表12-1　業務災害・通勤災害件数（令和2年度）

	業務災害	通勤災害	計	令和元年度	増加率
総事故件数	1,569件	529件	2,098件	2,184件	－3.9%
総被災者数	1,585人	531人	2,116人	2,216人	－4.5%
死亡者数	18人	4人	22人	21人	4.8%
警備員数（総被災者中）	1,525人	485人	2,010人	2,092人	－3.9%
事故発生加盟員数	802社	368社	1,170社	1,177社	－0.6%
交通事故による被災者数	256人	345人	601人	632人	－4.9%
（うち死亡者数）	（12人）	（3人）	（15人）	（15人）	（0.0%）

（出所）「セキュリティ・タイム：令和2年度労災特集」（2021年11月）

第4節　警備業者間の競争

警備業者といえば、従来は専業の警備業者を指していた。

しかし現在は専業の警備業者の中でも、業務別に分業化が進み、異業種大手企業の子会社群は、警備業界へ定着したといえる。また、ビルメンテナンス会社の兼業が常態となっている。

前述した通り、現在の警備業界は、大手2業者グループと、大企業の子会社を中心としたグループ、さらに独立系の警備業者に加え全国展開をする企業や外資がしのぎをけずっている。やはり、地方においても、地元資本を含めた特定業者による寡占化状況が促進されているとみてよい。

異業種より参入した警備業者は、単なる自社警備を子会社化するだけにとどまらず、新たな市場を求めて参入してきているだけあって、警備業界に新たなスタイルを提示・提供し、大きな地歩を築いたといえよう。

警備業界は従来型の警備については、新料金体系を構築することが急務であると同時に、今までにない新しい警備保障サービスを、それぞれの業者の立場で創り出し、大局に立って正しい意味での競争関係に身を置くことが望まれる。

第13章　警備業の将来

警備業を必要とする社会的条件が急速に増大している。すなわち、アナログからデジタルへの移行等の変化により、各種犯罪の増加や大規模自然災害・人的災害のさらなる複雑多様化が、確実に社会をむしばみ生活環境を悪化させている。危険から身を守りたいという基本的な人間の自衛本能が、社会構成基盤の変化に伴い具体的なニーズとなってあらわれ始めている。

人間は誰もが死ぬ。死ぬことに疑いをもつ者はいない。ただ、コロナ禍をはじめ戦争など自分が納得できない理不尽な死に方は嫌だと思っているのが通常であろう。時代は世界的規模で大きな変革を迎えている。日本も変革を迫られている。警備業者に対し、社会は明確な意思をもって具体的なサービスを要求することとなる。

社会が要求するサービスとは何かについて考えてみよう。

一、突然訪れる理不尽な死の災厄から身を守りたい。この要求は2号業務業者からみると、交通事故死の回避という形であらわされる。この現象は交通誘導警備業務のニーズ拡大となり、列車見張員、踏切監視員、交通指導員、工事管理者、高速道路における各種警備業務、交通規制のプロフェッショナルの要請等々で現実のものとなる。また、機械警備業者からみれば、高齢化社会における死の恐怖は、病気や火災への対策としての機械警備に一段と拍車をかけることとなる。すなわち、ホーム・セキュリティやタウンセキュリティ、救急救命士や緊急通報システム等の需要増大となってあらわれている。

一、2022年に手製の銃が凶器として使用される事件が起きた。自分は悪くないのに事件に巻き込まれたり、家族・親族間での争いが深刻化している。認知症の方が危険にさらされ家族の負担が急増していることも社会不安の大きな要素となっている。警備業者の立場に立つと、法人個人ともに警備の対象となるが、身辺警備の需要が急速に増加したり、防犯カメラ・防犯ブザーや護身用具の売れ行きがよくなったりすることから、この分野の奥行きがみえてくる。この分野の裾野は広く大きい。過少資本といわれる警備業でも、頭を働かすことによって、十分飛躍発展が見込まれる有力市場であるといえよう。

一、肉体的恐怖の次は物質的損害に対する回避要求である。これは従来の盗難・火災に対する備えを主としたものであり、情報流出対策も加わっている。したがって、警備業者が今まで提供してきたさまざまな警備業務にも変化が生じ、時代の要求に合わせた警備スタイルと価格体系が誕生しつつある。前述の第2章で説明した通り、一般企業への不正アクセスや児童虐待、ストーカー犯罪が増加傾向であり、ディープフェイク（※人工知能「ＡＩ」の技術で合成した偽動画のこと）や仮想通貨、電子決済を用いた詐欺等・さらにメタバースにおいても新しいスタイルの犯罪が出現すると予想できる。

一、最後に残ったものは、便利さの追求であり、他へ迷惑をかけず生きたいと願う個々の心である。

社会の人々は今、自分で行うことも、自分の手を下さずに済むものならば、なるべく人に頼むことにより、すべての事柄を処理したいと考えている。隣の人に頭を下げてお願いしたりするようなわずらわしい人間関係よりも、お金で何事も解決処理できるクールなつきあいを望むようになっている。そのように社会が進み、情報の伝達手段が発達すればするほど、人間の手による作業部分がより稀少価値となり、より重要な位置を占めることとなろう。今までの物理的満足感から、他方クールで、しかもより精神的な満足感を人々が求めるようになったということであり、細やかな心づかいを感じさせる、より新しいサービスを時代が求めているということである。

これからの警備業は狭義のセキュリティだけでなく、今後の社会になくてはならない巨大な産業となっていくことは、疑うべくもないと考えられる。

第1節　検定制度の影響と再編成

検定制度とは、警備員の知識・能力等のレベルを公に認め、警備業務の実施の適性を図るための制度である。

昭和57年（1982年）に警備業法が改正され、その中で都道府県公安委員会は、警備員または警備員になろうとする者について、検定を行うことができると定めた。

検定種目は、次の六種別となっている。

一　空港保安警備業務
二　施設警備業務
三　雑踏警備業務
四　交通誘導警備業務
五　核燃料物質等危険物運搬警備業務
六　貴重品運搬警備業務

警備員は絶対検定を受けなければならないというものではない。しかし警備業者にとっては、1級検定合格警備員、2級検定合格警備員、一般警備員と判断される検定は、それを受けないと警備業務のレベルが問題となり、競争力を失い警備業務が受注できなくなる恐れがあった。

警備業者の本音としてよく聞かれるのが、「検定に合格したが、少しも料金アップにつながらない。役に立たないので検定はもう御免だ」という主張である。監督官庁も、「太陽と北風」の寓話等々を考え合わせ、検定制度に強い指導力を発揮してもらいたいものである。ただし、警備業者の中には、この検定制度を他社との差別化に活用している例もみられることを付け加えておきたい。

創業社長の引退等による経営者の交替が増え、M&A等、業務提携や再編成によって、確実に警備業界は新しい時代に突入していると考えられる。

大手業者による吸収合併も水面下で進んでおり、今後は、表面化し多発化するものと考えられる。その理由の一つとして、機械警備業者の即応体制の問題がある。交通事情の悪い今日では、発報後25分以内現着の義務はなかなか果たしにくくなっている。

その問題をクリアするには、完全に地域を限定して、自らの警備エリア以外には出ていかないと腹をくくるか、多額の投資をしてスケールメリットを狙うか、または発報時の処理についてのみ業務提携する可能性を模索し、ユーザー、警備業者、発報処理のみ請け負う警備業者の三者契約で乗りきっていくことになる。

警備業界も、かつてのスーパー業界のように、合併、合併また合併ということもある。警備業者は現在の自社の実力・能力をよく見定めて、将来へ向けて選択をしていかねばならない。

一つの展望として言えることは、業務提携は機械警備業者が比較的選択しやすい道であり、再編成は、資金的に行き詰まった警備業者や、将来不利になることへの判断をした警備業者が、業種別ごとに比較的集まりやすい道となってきたということである。

第2節　高齢化社会と警備業

高齢者とは、いったい何歳以上の人を指していっているのであろうか。

総務省統計局では、65歳以上をいちおう高齢者としてみている。今後の高齢化の進行状況を予測したものとして、「国勢調査報告」による国立社会保障・人口問題研究所の平成29年（２０１７年）推計がある。それによると、高齢者人口の推移は次のようになっている。

２０２０年……３６１９・2万人　　２０３０年……３７１６・0万人
２０４０年……３９２０・6万人　　２０５０年……３８４０・6万人
２０６０年……３５４０・3万人

高齢化社会の出現は、警備業に、どのようなかかわりと変化をもたらすことになるのであろうか。

大きな三つの流れが考えられる。

⑴　巨大労働市場の出現

(2)　警備保障介護サービスの享受者増大

(3)　高齢者犯罪の変化

いずれもが複雑にからまりあい、仕掛け側になったり受け手側になったり、さまざまな局面が登場することとなる。

(1)　巨大労働市場の出現

人生100年時代に向かい、個々人が人生の再設計をできる社会を作っていくという考え方が登場している。定年退職者の定年も、年々延長するところが増加している。年齢が65歳ぐらいではまだまだ十分働けるということである。

また、厚生労働省の労働力調査「令和元年版働く女性の状況」によると、平成24年（2012年）から令和元年（2019年）まで女性の労働人口が、毎年、数万人から数十万人という規模で増加してきている。法整備においても、平成27年（2015年）には「女性活躍推進法」が成立された。さらに文化庁の「国内の日本語教育の概要」（令和元年度版）によると、日本に在留する外国人の数は令和元年末で約293万人となり、平成2年（1990年）末の108万人と比べると約3倍の数値に迫っている。

労働者の多様性による、潜在的な労働者層が毎年相当な厚みをもって形成されることとなる。

警備業者にとっては、良質の警備員供給市場の出現ということになる。大いに働いてもらうことで、いずれにとっても良い結果をもたらすこととなるのではないだろうか。

(2) 警備保障介護サービスの享受者増大

高齢者は、だんだんと自分でできなくなることが増えてくる。自然と他人の手を借りることが増えることとなる。しかし周りは高齢者ばかりで、若い人の手助けが受けにくくなってくる。急に体の具合が悪くなった際などは、一人ではどうにも手の打ちようがない。また、話し相手がいないため、さびしくてたまらなくなる人が多くなる。買い物や映画・観劇に行きたくとも一人では行かれなくなる。そこでどうしても、介護してくれる人が必要となる。本当に具合が悪くなったとき、悪化したと伝える人がいないのでは困る。24時間サービスで、生命を守りたいという要求を満たす警備業者は、このような人々からの依頼が増えてきている。

防犯や防災を目的に、使用された機械警備業務のセンサー機器類は、高齢者の緊急通報システム等にまで範囲が広げられている。非常ボタンを押すだけで警備員が駆け付けたり、センサー機器を自宅に設置して、一定時間なにも反応がなければ自動的に警備員が急行するサービスがある。また家事代行サービスを取り入れている警備業者も出てきている。

(3) 高齢者犯罪の変化

高齢者の検挙人員は、警察庁の調査等によると、平成20年（2008年）にピーク（4万8805

人）を迎え、その後高止まりの状況にあったが、平成28年（２０１６年）から減少し続けており、令和２年（２０２０年）は４万１６９６人（前年比１・８％減）であった（図13－１）。

高齢者には人生経験による知恵がある。その知恵を悪用する人も出ると同時に、さびしさのあまり社会との接点を無意識に求めて、罪をおかす者も出ることであろう。

高齢者犯罪の内訳をみると、全年齢層と比較して窃盗の構成比が高い。また、女性の高齢者においては、約９割が窃盗であり、そのうち万引きによるものの構成比が約８割と顕著に高い。

高齢者の窃盗の手口別構成比は、万引きなどを含む窃盗が69・５％と高くなっ

図 13-1　刑法犯検挙人員（年齢層別）・高齢者率の推移（総数・女性別）（平成 13 年～令和 2 年）

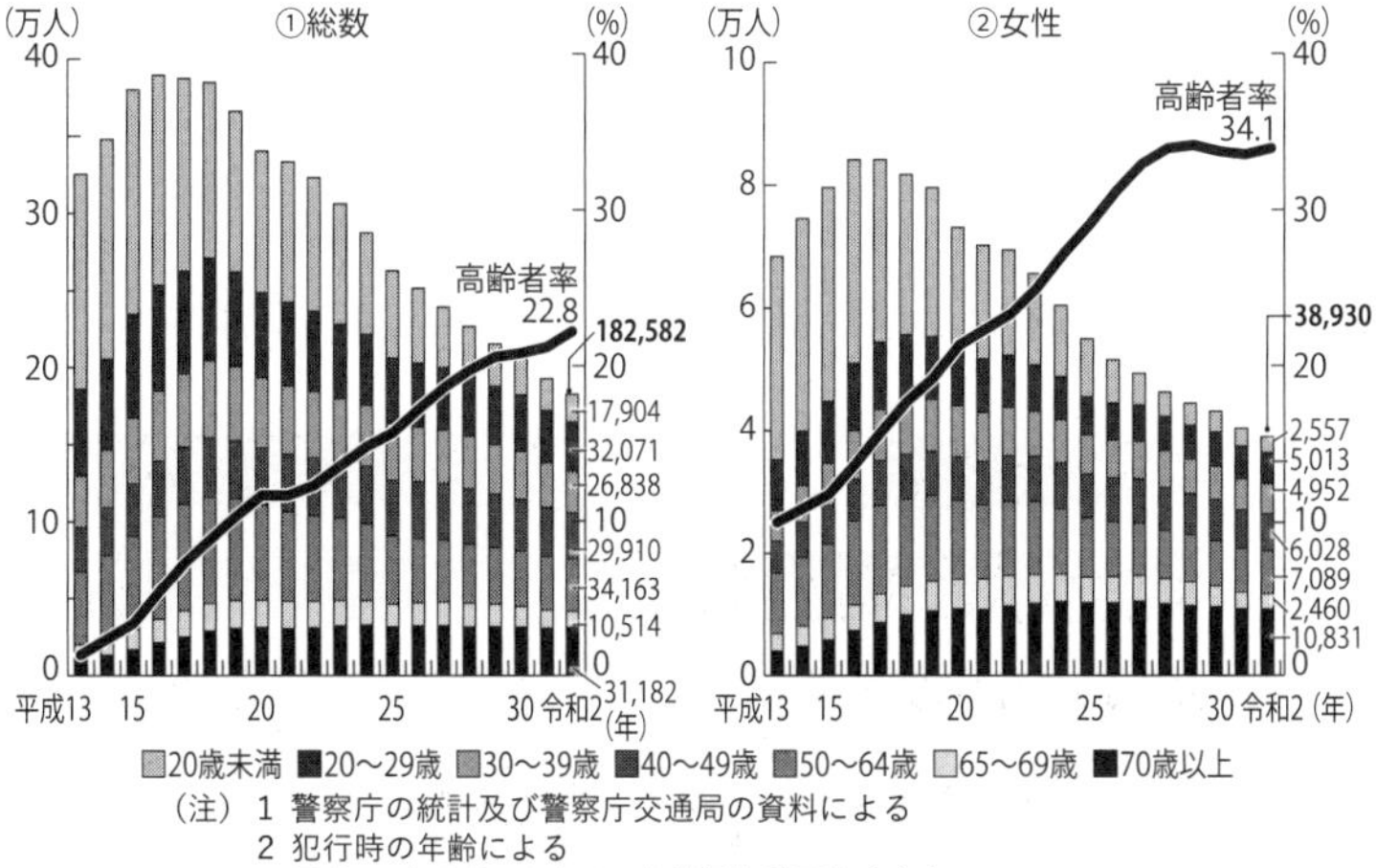

（注）1 警察庁の統計及び警察庁交通局の資料による
2 犯行時の年齢による
3 平成 14 年から 26 年は、危険運転致死傷を含む
4「高齢者率」は、総数及び女性の各刑法犯検挙人員に占める高齢者の比率をいう

（出所）『犯罪白書』（令和 3 年版）、p.208

ており（図13－2）、高齢者の犯罪は、あまり体力を必要としない財産犯（窃盗・詐欺・横領・背任等）が主であることがわかる。減少傾向にあるとはいえ、今後も、高齢者犯罪は予断を許さない状況であることは変わりないことであろうから、警備業者としてもその対策を真剣に考えていく必要があると言える。

第3節　ホーム・セキュリティと警備業

ホーム・セキュリティという言葉自体は造語と言われている。警備業者が提供するシステムのことを言い、一般住宅への侵入犯罪などを、防止・抑止することを目的として、住宅の外壁や室内に防犯機器を設置して、財産を守る方法であると広く認知されている。

近年の犯罪社会情勢では、一般住宅への不法侵入事案の認知件数は減少傾向にあるものの（図13－3）、国民の安全に対する意識は高まっている。

図13-2　刑法犯 高齢者の検挙人員の罪名別構成比（男女別）（令和2年）

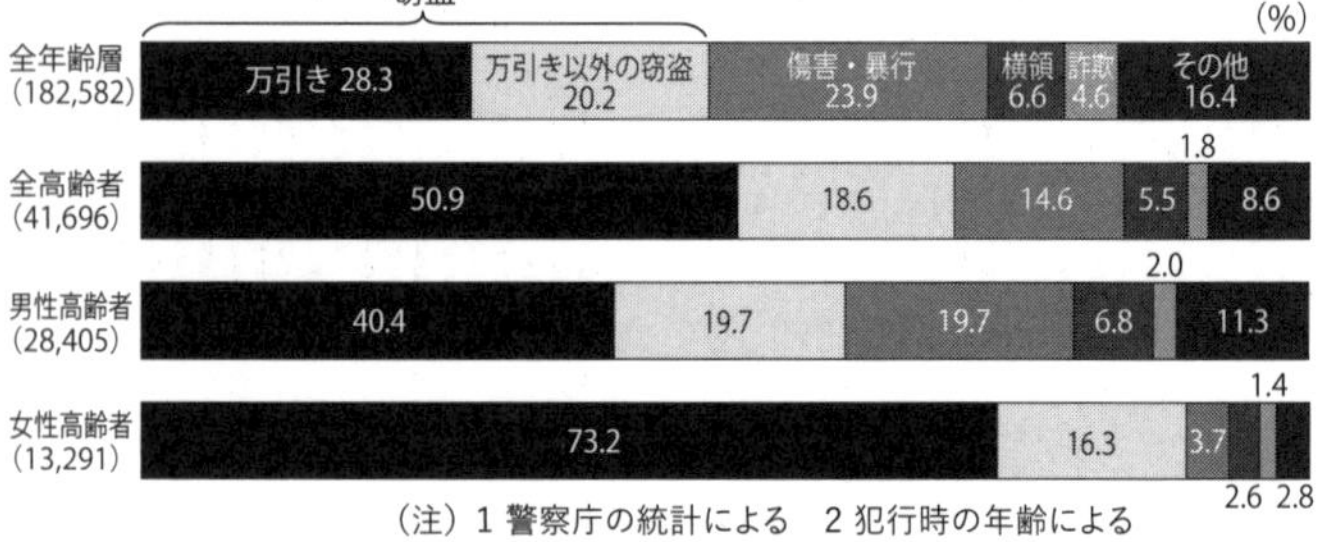

（注）1 警察庁の統計による　2 犯行時の年齢による
3「横領」は、遺失物等横領を含む　4（　）内は、人員である
（出所）『犯罪白書』（令和3年版）、p.209

それは、様々な社会情勢を背景とした犯罪の発生状況だけでは捉えられない情勢があるからで、これに危機感を覚えた人々は「自身の安全は自身で守る」と、安全確保のためなら相当の出費を伴う警備業者との契約や市販の防犯機器を購入して設置するなど、いかに安全な環境を備えるかを考え実行している。

図13-3　窃盗 認知件数の推移

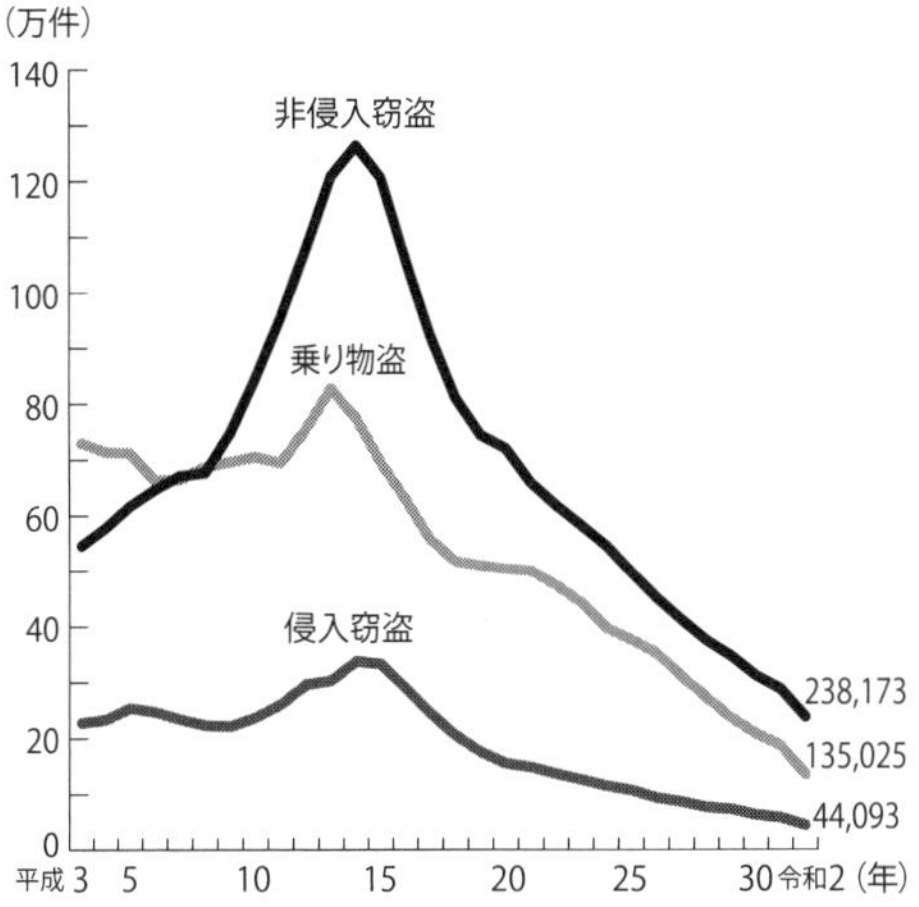

（出所）『犯罪白書』（令和3年版）、p.9

一例として、高齢者の非常時の対策や小さな子供の安全確認対策として、見守りカメラを室内に設置し、その画像をスマートフォンへ転送し、リアルタイムで確認することができるサービスも普及している。

さらなる安全を求めるのであれば、警備業者が常時監視をしているホーム・セキュリティであろう。機械警備業務のシステムを活用し、家庭に設置した機器から異状を感知し、警備業者の警備員が現地へ駆け付け状況の確認と安全確保や初動措置を行うものである。

第4節　キャッシュレス社会と警備業

経済産業省の発表した「キャッシュレス更なる普及促進に向けた方向性」（２０２２年）によると、日本のキャッシュレス決済の比率は、32・5％となっている。上位各国のキャッシュレス決済比率が46〜93％であるのをみると、まだまだ日本のキャッシュレス化は発展・進化の余地があり、社会に浸透しているとは言い難い。

クレジットカードによる決済は、クレジット会社が当人に代わり金額を支払って、のちにクレジット決済を行った当人から指定した日に支払いを受けるもので、電子マネーによる決済は電子端末へ事前に金額をチャージしておき、支払時に端末機器を用いて支払いをするシステムとなっている。

近年のキャッシュレス決済の発展は、目を見張るものがある。欧米・中国等、各国のデジタル法定通貨の発行競争は日本も避けて通ることはできない。少子高齢化に伴う労働人口の減少により、あらゆる物に、ＡＩ・ＩｏＴ・ＩＣＴ技術を用いて、機械化や電子化が発展している。

・ＡＩ　「人工知能」
・ＩｏＴ「モノとインターネットを繋げる（車や家電、住宅など）」
・ＩＣＴ「インターネットを通じて人と人が繋がる（ＳＮＳやチャット、検索など）」

さらに、いかにして人の労働力を掛けないで機械化やキャッシュレス化を成立させるかが様々な業種で検討され、開発導入が進められた。新型コロナウイルス感染症の影響も重なって、スーパーやコンビニエンスストアなどでは、消費者自身が商品をレジに通して支払いが行えるセルフレジも急速に展開された。

警備業にキャッシュレス社会が、どのような影響を与えるか。

現金を取り扱う業務は、貴重品等運搬警備業務がある。キャッシュレス社会が進むことによって、現金を運搬する業務の需要は、現在よりも縮小に転ずることは間違いないであろう。

この先10年間、日本で現金の流通が完全になくなるとは言い難いが、現金がデジタル法定通貨になる未来に向かっていることは時代の流れと言える。

警備業者は、この課題に対して、必ず到来する変化として捉え、検討・対策を行う必要がある。

第5節　感染症と警備業

令和元年（2019年）12月に中国で原因不明の肺炎患者が報告された。その後、集団感染に拡大したその感染症が瞬く間に全世界へ広がり多くの死者と重症者を出した。新型コロナウイルス感染症「COVID-19」（以下新型コロナウイルス）である。

パンデミックと呼ばれる世界的大流行になり、海外では感染拡大を防止するため「ロックダウ

表 13-1　人の移動に関する各国の動き

米国	2020.1.31	2/2から中国からの入国制限
	2020.3.11	3/13から英国を除く欧州からの入国制限
	2020.3.13	非常事態宣言を受けて自治体レベルで外出禁止勧告、休校が開始
	2020.3.16	10人以上の集会や外食の自粛を要請
	2020.3.16	3/17から英国からの入国制限
	2020.3.18	カナダとの国境を封鎖
	2020.3.19	カリフォルニア州で外出制限
	2020.3.22	ニューヨーク州で外出制限
EU	2020.3.18	EU域外からの入域を30日間禁止することで合意。英国は対象外
ドイツ	2020.3.14	外出制限、学校閉鎖
	2020.3.15	フランス、スイス、オーストリア、ルクセンブルク、デンマークの5カ国との間で国境検問を実施
	2020.3.16	レストランの営業時間の制限や、バーや劇場などの営業禁止を勧告
フランス	2020.3.15	国家の生命に不可欠でない施設、カフェや映画館を閉鎖
	2020.3.15	ドイツ、スイス、ルクセンブルクとの間で国境検問を実施
	2020.3.17	外出制限
スペイン	2020.3.14	生活必需品とは関係のない店舗の営業停止や国民の外出制限
イタリア	2020.3.8	北部で移動を制限
	2020.3.10	全国で移動を制限
	2020.3.11	スーパーや薬局除く全店舗閉鎖
	2020.3.12	国内の空港の運用を制限
オーストリア	2020.3.10	イタリアとの国境を閉鎖
	2020.4.14	営業禁止を一部緩和
オーストラリア	2020.2.20	中国への渡航歴のある外国人の入国制限
	2020.3.1	イランへの渡航歴のある外国人の入国制限
	2020.3.7	韓国への渡航歴のある外国人の入国制限
	2020.3.11	イタリアへの渡航歴のある外国人の入国制限
	2020.3.15	海外から豪州への渡航者に対して14日間の自己隔離措置、クルーズ船の入港拒否
	2020.3.16	公衆衛生に関する非常事態宣言（現時点で学校を閉める必要はないが、運動会、コンサート、学園祭、遠足等の停止や延期を助言）
	2020.3.18	100人超の必要不可欠でない屋内での集会を禁止
	2020.3.20	豪州国民及び居住者、これらの直接の家族以外の豪州入国を禁止。国内の空港でのトランジット（乗り継ぎ）が原則不可能
	2020.3.22	不要不急の国内旅行キャンセルの要請
	2020.3.23	必要不可欠ではない活動や商業施設を閉鎖。3/24から公立学校を閉鎖
	2020.3.25	豪州人及び永住者について海外渡航禁止
	2020.3.24	西オーストラリア州が州境閉鎖
	2020.3.25	豪州人及び永住者について海外渡航禁止

（出所）『通商白書』（2020 年版）より一部抜粋

ン」と呼ばれる法的効力をもった対応を行うなど、正体不明のウイルスに対し、世界中で人の移動が制限された。各国の対応は「人の移動に関する各国の動き」（表13－1）の通りである。

この感染症は日本にも上陸し、社会生活や経済に大きな影響と変化を与えた。政府から発令される「緊急事態宣言」や「まん延防止等重点措置」などにより外出自粛や飲食店等での休業・時間短縮の要請など国民の行動が制限された。人々は、感染対策としてマスクや消毒液の確保が必須となり集団の行動も抑制され生活は一変した。そしてその状況や感染に対する不安は完全に払しょくされたわけではなく、今もなお継続し長期化している。

人類と、ウイルスや細菌との闘いは、ペスト、天然痘、スペイン風邪など過去には多くの死者を出した歴史がある。大正7年（1918年）から大正9年（1920年）に大流行したスペイン風邪は、当時の死亡者数が2000万人とも、5000万人とも推計されており、ウイルスが原因となる死亡者数を何人と言い切ることは難しい。

WHO（世界保健機関）によると、新型コロナウイルスの累計感染者数は、令和4年（2022年）4月に全世界で5億人を突破し、死亡者数は600万人を超えた。毒性の違いや衛生環境、ワクチン開発などにより100年前のスペイン風邪と被害の差はあるものの、人々の生命を脅かす存在であることに違いはない。また、感染防止策もマスクや感染者の隔離など現在も同様な措置が取られている。

厚生労働省のHP「新型コロナウイルスの感染経路について（国立感染研究所　2022年3

月28日）」によると、新型コロナウイルスの感染経路は、「エアロゾル感染」「飛沫感染」「接触感染」であると報告された。しかし、令和4年（2022年）8月時点でも、未だにウイルスの正体が完全につかめていない状況である。

警備業は円滑な社会経済活動の維持、企業や団体など依頼者の安全に必要なサービスを提供しているため、様々な分野で国民生活と密接な関係性を持っている。その目的を果たすべく不特定多数との接触が基本的な業務になるため、感染リスクは非常に高いといえる。とはいえ安全・安心の提供を目的にした業務である以上、警備業務を省略することは困難である。ある施設で警備員もしくは関係者が発症したとしても、警備員を欠員状態にすることはできない。新型コロナウイルスが国内に広がった当初、警備業者は警備業務を継続するために、マスクや検温、消毒、三密（密集・密接・密閉）の回避など、今まで経験したことがない感染予防対策と濃厚接触防止対策に奔走した。

警備業者は警備員に対し、警備業務を適正に実施させるため、教育と必要な指導監督をしなければならない。教育は、警備員に対面した方式が主であったが、感染防止という観点でオンライン教育が急速に浸透した。社会全体でテレワークやオンライン会議など、デジタル化が普及していたこともあり違和感なく取り組む警備業者は増えたが、準備費用や手間を避ける警備業者も多く存在しているのは事実である。感染症対策としてデジタル化を推進することは「コロナ禍」においで理解されつつあるが、大人数が集合して行う訓練や教育は高い効果があるため、別の方法を検討する必要がある。

第6節　これからの警備業

第13章の冒頭で警備業の将来に触れたが、警備業者は人の生命・身体・財産等の保護から、生活の快適さや豊かさをサポートする業態へも進展しているが、非常事態発生時における警備業の具体的業務の変革も検討せねばならない。

平成26年（2014年）に英オックスフォード大学のマイケル・A・オズボーン准教授らによって発表された論文によれば、「20年後までに人類の仕事の約50％はAIないし機械に置き換わってしまう」との話がある。これを元に、置き換わらない業種の特徴は何かと話題になっているが、「責任や意思が問われる仕事」「創造性の高い仕事」「感情や信頼関係が重要な仕事」が残るのではないかとされている。

機械警備業務や防犯機器などはAIの享受を最も受けることができる。これらの使用により厳格でミスの発生しにくい出入管理業務や巡回業務を実施することができる。また、警備員の資質差による業務実施の問題も採用活動の段階でAIが分析や選別をサポートしてくれると期待もされている。

警備業はすべて機械やAIに置き換わってゆくのだろうか。重大な責任のもとで実施する業務であるものの、作業が単純と思われたり、人とかかわることが少ないと勘違いされ、置き換えが可能であると言われる。

しかし、一見単純に見える作業も細かな相手の感情の読み取りや、配慮なども必要であり、警備業務の種類によって差はあるが相手（人）に対するコミュニケーションも重要な要素となっている。

また、すべての利用者が「ＡＩや機械に置き換わることを本当に望んでいるのだろうか」ということも考えなければならない。

業務についてある程度機転を利かせて臨機応変に対応して欲しいという要望や、機械的に分析や選別されることに対する抵抗感もあるのではないだろうか。ＡＩ等が職業の置き換えに及ぼす可能性は、社会の受容性によって大きく変わるといえる。また、警備業には法規制というハードルが存在する。様々な分野でテクノロジーが高度化し、製品やサービスが生み出されようとしているが、安全・安心にかかわる分野では、企業も政府も、社会的影響などを考慮しながら慎重に進めていく必要があるため、ルール面の変革のスピードが追い付いていかない。

平成30年（２０１８年）６月に3年間の時限制度として創設された、新技術等実証制度（プロジェクト型規制のサンドボックス制度）がある。令和3年（２０２１年）６月の国会で産業競争力強化法への移管、恒久化が決まったが、このことは安全・安心の分野で活用される新たなテクノロジーの規制緩和への加速感が期待できる。

働く世代が減少する中で、人間の活動をサポートする警備業は益々必要とされていく。これからの警備業は、ＡＩや機械等に代表される新たなテクノロジーを最大限活用し、単純作業から解放されなければならない。規制緩和に対しても受け身ではなく、また、新たな需要創造についても警備業界自らが変化を起こしていく行動力が必要である。例えば、猪・鹿などの鳥獣による被害対策は、平成26年（２０１４年）の鳥獣保護管理法改正により民間業者に門戸が開かれ認定業者が誕生した。今後警備業者は付加価値の高い業務にシフトし、サービスの質を向上して、より良い新たなサービスへとつなげていくことが必要であろう。

第7節　新規に警備業を設立するための手続き

新規に警備業を設立するためには、所定の手続きが必要となる。

警備業の営業に関する規則は、警備業法第3条の規定によって警備業の要件を定め、法第4条の規定によって警備業を営もうとする者が警備業の要件を満たしているかどうかその営業開始前に公安委員会が審査することとし、要件を満たしていることを確認した者について、法第2条第3項の規定によって警備業法上の警備業者としての取扱いをするという形で構成されている。

本法においては、営業の自由を最大限に尊重しながら、警備業の特質にかんがみ、適正な警備業の管理運営を期待し得ない者を的確に排除することを基本的考え方としており、これに最も即した制度として認定制をとることとしたものである。

図 13-4　認定申請の手続き

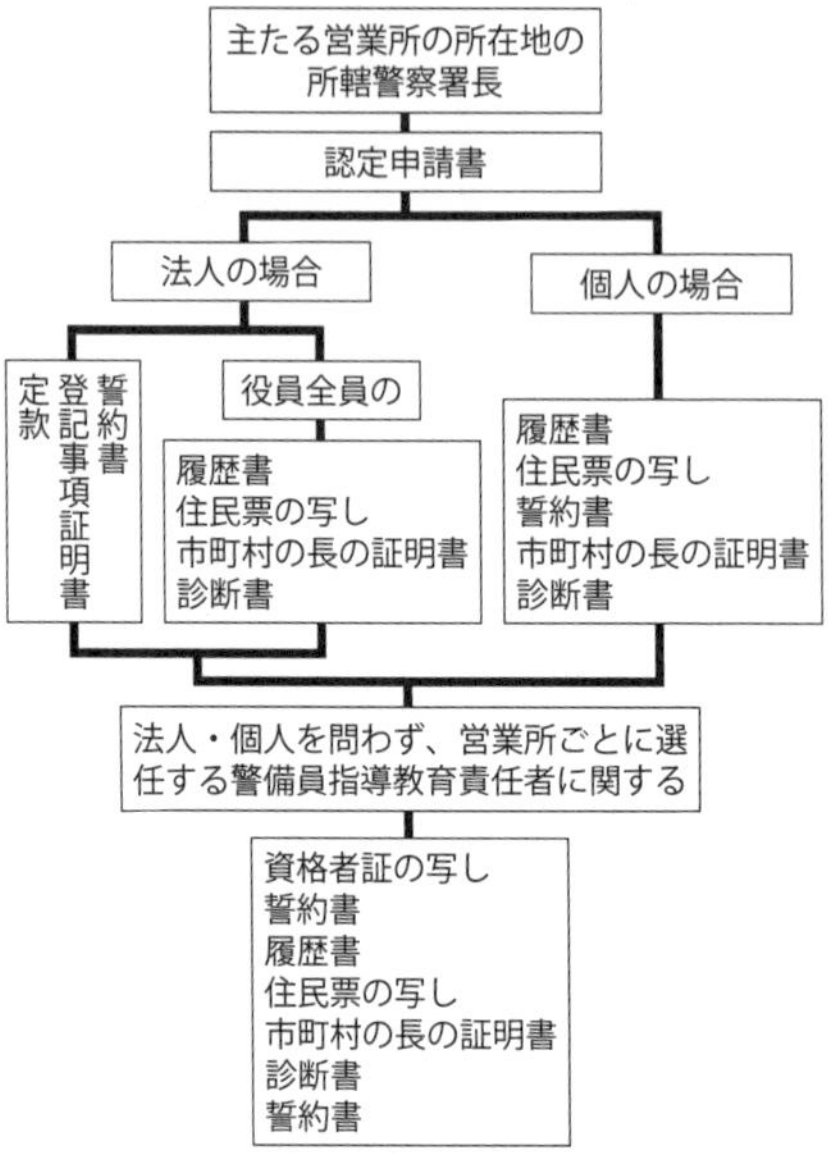

（出所）一般社団法人全国警備業協会「警備業関係基本書式記載例集８訂３版」より作成

これにより、警備業は誰でも営むことができるものではなく、営もうとする者は、各都道府県公安委員会の認定を受けなければならない。

認定を受け、警備業者として営業を開始するまでの手続きは「認定申請の手続き」（図13－4）の通りである。

一　警備業認定申請

警備業認定申請は先に記した認定を受けるための手続きとなる。

(1)　認定申請書

(一)氏名又は名称及び住所並びに法人にあっては、その代表者の氏名

(二)主たる営業所その他の営業所の名称、所在地及び当該営業所において取り扱う警備業務の区分

㈢営業所ごと及び当該営業所において取り扱う警備業務の区分ごとに、選任する警備員指導教育責任者の氏名及び住所

㈣法人にあっては、その役員の氏名及び住所

(2)　申請者が個人である場合

認定申請書、履歴書、住民票の写し、誓約書（個人申請用）、市町村の長の証明書、医師の診断書

(3)　申請者が法人である場合

認定申請書、定款、登記事項証明書、誓約書（法人申請用）、すべての役員に係る書類（履歴書、住民票の写し、市町村の長の証明書、医師の診断書）

(4)　申請者が個人であると法人であるとを問わない

選任を予定している警備員指導教育責任者に係る書類（警備員指導教育責任者証の写し、誓約書［指導教育責任者業務用］、履歴書、住民票の写し、市町村の長の証明書、医師の診断書、誓約書［指導教育責任者欠格用］）

(5)　申請手数料

二　服装の届出

警備業者及び警備員が着用する服装は、すべて公安委員会に届け出なければならない。

服装の届出をするための手続きは「服装届の手続き」（図13－5）の通りである。

認定申請書を提出した警察署長あてに、当該服装を使用して行う警備業務の開始の日の前日までに行う必要がある。

⑴　服装届出書

㈠服装の色

㈡服装の型式

㈢標章の取り付け位置

㈣標章の型式

㈤当該服装を用いて行う警備業務の内容

⑵　添付しなければならない書類

当該服装を着用した警備員の正面及び側面の全身の写真各１枚

写真は無背景でカラー写真でなければならず、その規格も縦12㎝×横８㎝と規定されている。

図 13-5　服装届の手続き

認定申請書を提出した警察署長

当該服装を使用して行う警備業務の開始の日の前日までに

服装届出書

服装の種類ごとに
当該制服を用いた警備員の正面及び側面の全身の写真（各1枚）（縦 12cm × 横 8cm の写真で、無背景で色彩を識別できるもの）
私服で警備業務を行う場合には写真の添付は不要、ただし当該私服に標章を付けるときは、当該標章を付けた私服の写真が必要

（出所）一般社団法人全国警備業協会「警備業関係基本書式記載例集 8訂3版」より作成

三　護身用具の届出

警備業者及び警備員が携帯する護身用具は、すべて公安委員会に届け出なければならない。

護身用具の届出をするための手続きは「護身用具の手続き」（図13－6）の通りとなる。

認定申請書を提出した警察署長あてに、護身用具を使用して行う警備業務の開始の日の前日までに行う必要がある。

(1) 護身用具届出書

(一)護身用具の種類
(二)護身用具の規格
(三)護身用具の機能
(四)護身用具の使用基準
(五)当該護身用具を携帯して行う警備業務の内容

(2) 添付しなければならない書類

当該護身用具の種類ごとに写真1枚

写真は無背景でカラー写真でなければならない。撮影の際、場合によって当該護身用具の横にメジャー（ものさし）をおいて撮影し、その長さなどが確認できるようにするよう指導されてお

図 13-6　護身用具の手続き

認定申請書を提出した警察署長
↓
護身用具を使用して行う警備業務の開始の日の前日までに
↓
護身用具届出書
↓
服装の種類ごとに当該護身用具の写真 1 枚（縦 12cm × 横 8cm の写真で、無背景で色彩を識別できるもの）

（出所）一般社団法人全国警備業協会「警備業関係基本書式記載例集8訂3版」より作成

り、さらに、縦12cm×横8cmと規定されている。

四　その他の届出

ここまでは新規に警備業を設立し、認定を受けて警備業法上の警備業者として営業を開始できるまでとなるが、このほかにも必要に応じて届出が必要となる。

(1)　新たに営業所を設置する場合

(一)主たる営業所の所在する都道府県に営業所を設けるとき（変更届）

(二)主たる営業所の所在する都道府県以外の都道府県に営業所を設けるとき

(三)主たる営業所の所在する都道府県以外の都道府県に営業所を設けずに警備業務を行うとき

(2)　機械警備業務の開始の手続き

いずれも各都道府県公安委員会

図 13-7　機械警備業務開始届の手続き

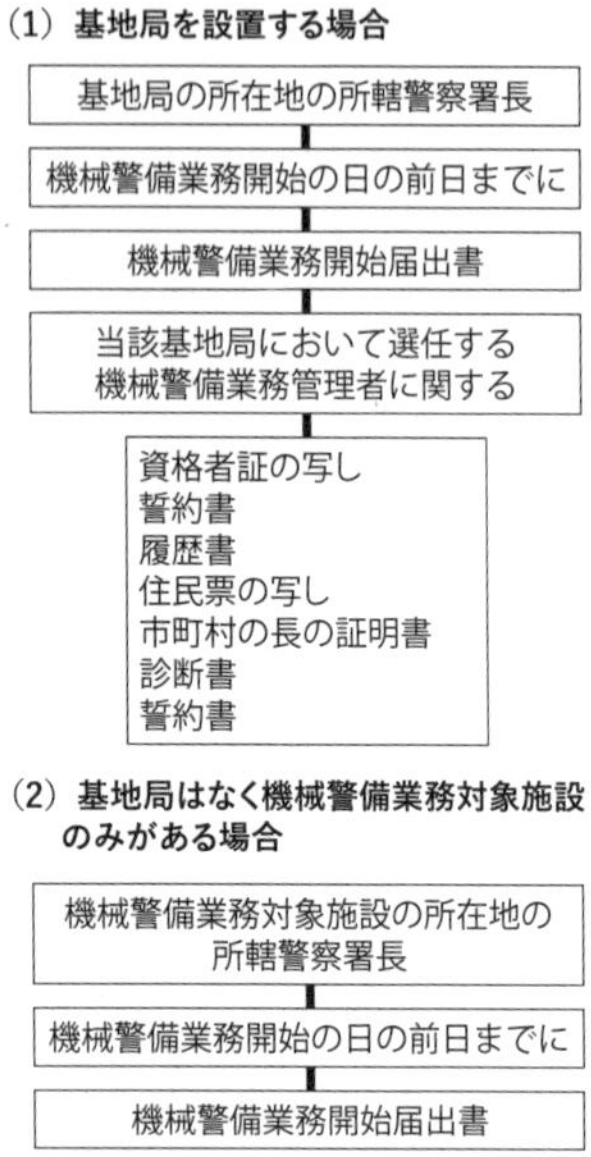

（出所）一般社団法人全国警備業協会「警備業関係基本書式記載例集８訂３版」より作成

のホームページや、全警協発行の警備業関係基本書式記載例集に掲載されている書式を使用して作成することが可能である。

警備業を廃業する際にも届け出は必要となるので、設立から警備業の営業を開始し、業務に係る様々な届出が必要になることを覚えておかなければならない（図13－7）。

新規に警備業を設立する際は、各種の届出が法律で定められており、警備業法を読むだけではわかりにくく難しい。図にして手順をわかりやすくしたので参考にしていただきたい。

あとがき

警備業が日本に誕生し60年余りとなる。

この『警備保障のすべて』第1版から第3版はその時節に対応し発行してきた。第3版発行後、約20年が経過した。この間の社会情勢の変化や、警備業のおかれた現状、さらには各種法令改正に伴う警備業のあるべき姿に焦点を当て改編した。

その主な内容は次の通りである。

一つは、各種法令の遵守、法令改正や解説、法令違反事例等
一つは、最近の社会情勢に基づく警備業者として提供できる必要な安全対策
一つは、女性・子供・高齢者・障碍者等、社会的弱者に位置づけられている人々の安全対策
一つは、警備員の雇用に関する問題点
一つは、警備業の将来

本書は現在警備業に携わる方や関心のある方、これから警備業を開業してみようという方までを視野に警備業のノウハウを詰め込んだものであり、警備業の専門書として一読していただけれ

ば幸いである。

個人的なことで申し訳ないと思いつつ書かせていただくが、私は警備会社シムックスを創業し、30年という節目で現役を引退した。その後2021年に会長兼社長として復帰した。

現役に復帰して驚いたことは、会社が法令遵守に対し非常に鈍感になっていることであった。警備業法違反で指示処分を受け、公正取引委員会からは私の復帰以前に立ち入りを受けており、私が復帰後に排除措置命令を受けた。恥を忍んで申し上げると想像できないくらい会社は劣化していた。会社全体で必死になって意識改革・是正活動に一年有余取り組み、一段落した所である。反省の念を込め弊社の事例を参考にしていただければ有難いと思う。

『警備保障のすべて』第4版発行にあたり、各方面で活躍されている知識人の方々の助言や作成された白書や参考文献、資料、警備業に関する出版本等を引用・参考にさせていただいており、とりわけ、仙台大学田中智仁准教授（社会学博士）には特段の御計らいをいただきました。重ねて感謝を申し上げます。

参考文献

『警察白書』平成15年版／平成24年版／令和２年版／令和３年版／令和４年版
『厚生労働白書』令和２年版
『消防白書』令和元年版／令和２年版
『中小企業白書』２０２２年版
『通商白書』２０２０年版／令和４年版
『犯罪白書』令和３年版
警察庁「平成13年における警備業の概況」
警察庁「平成27年における警備業の概況」
警察庁「令和３年における警備業の概況」
厚生労働省「労働力調査」
厚生労働省告示第４５８号（最終改正　平成25年）
厚生労働省告示第５１８号（最終改正　平成24年）
国土交通省「危害行為防止基本方針」
国立社会保障・人口問題研究所　平成29年（２０１７年）推計
全国警備業協会「アンケート調査」令和２年

全国警備業協会『機械警備業務管理者講習教本』令和２年
全国警備業協会『基本書式記載例集８訂３版』
全国警備業協会　基本問題諮問委員会調査部会（最終報告書）
全国警備業協会『警備員指導教育責任者講習教本Ⅰ基本編』令和２年
全国警備業協会『警備員指導教育責任者講習教本Ⅱ実務編』令和２年
全国警備業協会『警備員指導教育責任者講習教本Ⅱ３号業務』令和３年
全国警備業協会『警備員指導教育責任者講習教本Ⅱ４号業務』令和３年
全国警備業協会「警備業者賠償責任保険団体制度について」
全国警備業協会『警備業法の解説（12訂２版）』
全国警備業協会『セキュリティ・タイム』２０２１年11月
全国警備業協会『特別講習教本　施設警備業務２級』令和３年
公益財団法人日工組社会安全研究財団『外国の警備業に関する調査研究報告書（平成29年）』
日本原子力文化財団「原子力・エネルギー図面集」令和４年
石井進『日本の歴史12（中世武士団）』小学館、１９７４年
田中智仁『気ままに警備保障論』現代図書、２０１５年
田中智仁『気ままに警備保障論２』現代図書、２０１８年
田中智仁『気ままに警備保障論３』現代図書、２０２１年

『応急手当講習テキスト（改訂3版）』東京法令
警備保障タイムズ株式会社「警備保障タイムズ」２０１８・８・01号
警備保障タイムズ株式会社「警備保障タイムズ」２０２２・４・01号
明石市ＨＰ　第32回明石市民夏まつりにおける花火大会事故調査報告書
神奈川県ＨＰ
警察庁ＨＰ
警視庁ＨＰ
経済産業省ＨＰ
国土交通省ＨＰ
裁判所ＨＰ
消防庁ＨＰ
全国警備業協会ＨＰ
中小企業庁ＨＰ
東京消防庁ＨＰ
文化庁ＨＰ
ＬＬＩ／ＤＢ　判例秘書

執筆者グループ

監修　深澤　賢治

執筆者（50音順）

有井　建生　　今井　光悦
大屋　和仁　　川島　大介
絹川　裕　　小池　健志
後藤　嘉伸　　小林　寛之
小山　明治　　小山　信明
佐藤　浩　　篠原　博道
反町　啓司　　髙橋　直人
中村　明美　　中村　仁

【監修者紹介】
深澤賢治（ふかざわ　けんじ）
株式会社シムックス代表取締役会長兼社長、中斎塾フォーラム塾長、群馬郵便逓送代表取締役会長。1947年、東京生まれ。二松學舍大学卒業。1975年、群馬県太田市に利根警備保障（現・シムックス）を設立。警備業は教育に始まり教育に終わる「教育産業」であるという信念のもと、施設警備から、交通誘導、機械警備、運搬警備や鳥獣被害対策まで、多岐にわたる警備業を展開している。また、社業の傍ら、各処で論語・陽明学・人間学等を講ずる。著書に、『真釈佐藤一斎「重職心得箇条」』『財政破綻を救う山田方谷「理財論」』（共に小学館）、『澁澤論語をよむ』『素読論語』『陽明学のすすめ（I〜Ⅷ）』（共に明徳出版社）等がある。

警備保障のすべて（第4版）
2023年3月2日発行

監修者――深澤賢治
発行者――田北浩章
発行所――東洋経済新報社
〒103-8345　東京都中央区日本橋本石町 1-2-1
電話＝東洋経済コールセンター　03(6386)1040
https://toyokeizai.net/

装　丁………吉住郷司
ＤＴＰ………森の印刷屋
印　刷………港北メディアサービス
製　本………積信堂
編集協力……パプリカ商店
編集担当……伊東桃子／水野一誠
　ISBN 978-4-492-55820-1